KATJA MATHES

Blessed FOOD

KOCHEN MIT NEUEM BEWUSSTSEIN

LIMARUTTI VERLAG

Copyright © 2022 by LIMARUTTI VERLAG

Alle Rechte vorbehalten.

Texte: Katja Mathes

Fotos: Katja Mathes (katjamathes.de), Ben Northover (bennorthover.com), Grit Siwonia (grit-siwonia.de), Matthias Wolf (matthiaswolfphoto.de)

Make-up: S.8, S.11, S.12, S.33: Caroline Wolf (carolinewolf.de)

Covergestaltung, Layout und Satz: Bernadett Linseisen (schere.style.papier), München

Bildnachweis: Coverfoto, Foto S.15, S.17, S.18, S.26, S.38: Ben Northover;

S. 6: Grit Siwonia; Illustrationen Zeichen: Nicole Peiffer (nicolepfeiffer.com); S. 8, S.9, S.11, S.12, S.33–37, Illustration Nachsatz: Sarah Engelhardt (bubbel.tv); Rezeptfotos: Katja Mathes; S.8, S.11, S.12, S.21, S.23, S.33, S.37, S.172, Foto auf der Nachsatzseite: Matthias Wolf

Lektorat: Irlana Nörtemann, Nicole Carina Fritz (the-nic-site.de)

Verlag:

LIMARUTTI VERLAG

Schröttergasse 8

8010 Graz

Österreich

Homepage: www.limarutti-verlag.at

E-mail: office@limarutti-verlag.at

ISBN: 978-3-904005-18-0

Wichtiger Hinweis

Die in diesem Buch vorgestellten Symbole können in eigener Verantwortung genutzt und von Menschen in beratenden und therapeutischen Berufen in ihre Arbeit integriert werden. Sie sind weder als Mittel zur Diagnose und Therapie gedacht, noch ersetzen sie im Krankheitsfall eine Diagnose oder eventuell notwendige ärztliche Behandlung.

Ich segne Mutter Erde, Vater Himmel und alle Lebewesen auf diesem Planeten.

Y

Ich danke den Engeln für ihre Begleitung und Unterstützung.

Y

In tiefer Demut, Dankbarkeit und Respekt.

Y wirkt wie ein Verstärker und potenziert die Information.
Hier kannst Du mehr darüber erfahren www.praneohom.de

Inhalt

Frühstück

Starter, Basics & Snacks

Suppen & Salate

Hauptgerichte

Desserts

Vorwort

Lange Zeit konnte ich mir nicht vorstellen, ein Buch zu schreiben! Mein Verstand hatte jede Menge, angeblich gute Gründe es nicht zu tun: Kann ich das überhaupt? Gibt es nicht schon genug Bücher auf dem Markt? Und ich hätte fast darauf gehört! Wären da nicht die Zeichen des Universums und die Stimme meines Herzens gewesen. Ich hatte schon einige Jahre zuvor begonnen, Rezepte zu entwickeln, war auf Rohkost- und Vegan-Messen unterwegs, hatte viel ausprobiert und gelernt. Durch vergangene Jobs hatte ich nicht nur einen Einblick in die Food-Fotografie bekommen - sie hatte sich zu einer neuen Leidenschaft entwickelt. Je mehr Menschen ich meine Food-Bilder zeigte, desto öfter hörte ich „Du musst ein Kochbuch machen". Eines Tages meditierte ich und bat die Engel, mir eine Idee zu schicken. In der Meditation sah ich vor meinem inneren Auge ein Symbol. Ich zeichnete es auf, suchte im Internet und fand Engel-geführt zum Limarutti Verlag, der Bücher zu diesen Symbolen im Programm hat.

Ich bestellte mir sämtliche Bücher und las sie in Rekordzeit. Ich fing an, mit den Symbolen zu arbeiten und spürte sofort ihre kraftvolle Wirkung. Schnell wurde mir klar: Ich möchte die Symbole mit den Menschen teilen, in Kombination mit meinen Rezepten.

Ich kontaktierte den Verlag und hatte sofort einen guten Draht zum Herausgeber. Von meiner Idee, ein Kochbuch zu schreiben und die Rezepte mit den kosmischen Symbolen zu segnen und zu energetisieren war er sofort begeistert.

Plötzlich hatte ich auch die Zeit. Ich stellte mir vor, wie es sich anfühlen würde, irgendwann mein eigenes Buch in den Händen zu halten und prompt war sie da – die innere Stimme, die ganz sanft und leise rief: „JAAAAA". Gleichzeitig spürte ich Leichtigkeit und Freude in meinem Herzen, dieses Kribbeln in der Bauchgegend. Es war wirklich magisch! Nichts hatte sich bisher derart richtig angefühlt, wie die Idee, genau dieses Buch zu schreiben. Ich begann mit meinem Projekt. Es war definitiv nicht einfach, emotional bin ich durch alle Hochs und Tiefs gegangen. Von Euphorie bis zu purer Verzweiflung und dem Gefühl „Ich werde nie fertig", war alles dabei. In diesem Prozess habe ich sehr viel über mich gelernt.

In diesem Buch geht es genau darum: Um die Magie, das inspirierende Kribbeln, die innere Stimme und die Weisheit des Herzens. Vor allem aber geht es um DICH – die Rückverbindung zu Dir, Deiner eigenen Natur, Deiner Seele und Mutter Natur.

Das ist mein größter Wunsch. Menschen zu inspirieren, sich wieder als Teil vom großen Ganzen zu erkennen und zu erleben. Für mich begann dieser Weg mit meiner Ernährung. Dieses Buch soll eine Inspiration sein: Weg von Dogmen, Diäten oder starren Ernährungskonzepten, hin zu mehr Freude, kindlicher Neugier und spielerischem Ausprobieren.

Für mich ist Kochen ein Weg, um Körper, Geist und Seele wahrzunehmen, auf sie zu hören und sie zu nähren.

Alle Rezepte in diesem Buch basieren auf pflanzlichen Zutaten, weil es für mich aktuell die stimmigste Art ist, mich zu ernähren. Das heißt aber nicht, dass ich nie wieder tierische Produkte essen darf. Ich entscheide jeden Tag aufs Neue zu meinem höchsten Wohl und möchte Dich dazu animieren, dies ebenso zu tun. Für eine Welt, in der wir Mitgefühl für uns und andere leben, für mehr Miteinander, Verständnis und Liebe.

Ich wünsche mir von Herzen, dass ihr die Liebe und den Segen fühlt, die beim Zusammenstellen in die Rezepte geflossen sind, dass sie Euch schmecken und Eure Seelen glücklich machen.

Mutter
ERDE

Mein Weg – meine Erkenntnis

Alles beginnt mit unserer Mutter Erde, mit Gaia Sophia, Pachamama. Fast alle Schöpfungsmythen erzählen davon. Wir sind ein Teil von ihr! Oft habe ich diese Worte auf meinem spirituellen Weg gehört, doch sie blieben merkwürdig abstrakt, nicht fühlbar. Bis ich selbst erlebt und verstanden habe, was damit gemeint ist.

Es war ein Tag im Herbst. Ich war in der Endphase dieses Buches und seit Tagen nonstop in meiner Wohnung. Die Zeit raste, das Buch sollte längst fertig sein! Ich setzte mich selbst enorm unter Druck und die Worte flossen nur zäh aufs Papier.

Am nächsten Tag entschied ich mich trotz allem Zeitdruck, in den Wald zu fahren. Ich ging das Risiko ein, dass ich an diesem Tag eventuell nicht so viel „schaffe" und sich der Erscheinungstermin weiter verzögert. Was dann geschah, hatte ich nicht erwartet. Ich schaute auf einen Fluss, in dem sich das Sonnenlicht spiegelte. Ich lehnte mich mit dem Rücken an einen Baum und fühlte eine wunderbare Energie durch mich strömen. Ich war bei mir und in der Natur angekommen und genoss jede Sekunde. Ich sah überall nur Schönheit und plötzlich konnte ich ganz deutlich mein Herz spüren. Ich war auf einmal so glücklich, weil ich so überwältigt war von der Schönheit des Waldes. Auch die Worte flossen wieder wie das Wasser in dem Fluss, auf dem die Sonnenstrahlen tanzten.

Was war passiert? Ich hörte endlich wieder auf meine innere Stimme, ich war gut zu mir und stellte mein Wohlbefinden an erster Stelle. Mutter Erde nahm mich liebevoll in ihre Arme und half mir, mich wieder mit ihr zu verbinden und dadurch auch mit mir.

Doch warum ist die Natur so heilsam? Was ist es, das uns so tief mit ihr verbindet?

Wir sind eins mit ihr und Teil von ihr. Das spüren wir, wenn wir zurückkehren zu unserer ureigensten Natur.

Was heißt das genau? Für mich bedeutete das Zurückkehren, dass ich mich nicht länger selbst ablehne. Dass ich mich vom Gefühl, nicht gut genug zu sein, befreie. Genau so, wie von negativen Glaubenssätzen und zahlreichen Traumata, die bei mir zum Beispiel zu Migräne führten. So machte ich mich auf den Weg zu mir selbst. Zu diesem Zeitpunkt wusste ich allerdings noch nicht, dass dies nicht nur der Weg zurück zu meiner eigenen Natur war, sondern auch der Weg zurück zur Natur – zu Mutter Erde.

Im Restaurant meiner Eltern aufgewachsen, war Essen schon immer ein bestimmendes Thema für mich. Tiere waren die Hauptspeise bei jedem Gericht. Doch irgendetwas in mir stimmte damit nicht überein. Ich recherchierte über die Herkunft von Fleisch, über Massentierhaltung, welchen Einfluss der Konsum von tierischen Produkten auf meine Gesundheit und auf unsere Erde hat. Ich beschäftigte mich immer mehr mit pflanzenbasierter Nahrung und entwickelte ein neues Bewusstsein. Yoga, Meditation, Fasten, Entgiften von Schwermetallen und Parasiten sowie die intensive Innenschau ließen mich komplexe Zusammenhänge erkennen, machten mich glücklicher und freier. Ich hörte meine innere Stimme plötzlich besser und lauter. Ich spürte deutlich, wie getrennt ich von Mutter Erde gewesen war - von ihrem Rhythmus, ihren Lebewesen und ihren Zyklen.

Bei meiner Recherche erkannte ich Zusammenhänge zwischen mir, meinem Körper, meiner Seele,

meinem Geist und Mutter Erde, die ich im Folgenden mit euch teilen möchte:

Die Weisheit der indigenen Völker

Viele indigene Völker ehren, schützen und respektieren Mutter Erde auf verschiedenste Art und Weise. Urvölker wie die Aborigines in Australien, die Kogis in Kolumbien, die Ainus in Japan, die Adivasis in Indien oder die Ureinwohner des Amazonas sind heute noch tief mit ihr verbunden. Sie wissen um die Kraft der Erdelemente, um ihre Weisheit, Großzügigkeit und den Einfluss von Mutter Erde auf Mensch und Tier, ja, auf das gesamte Universum.

Alle indigenen Völker eint eine tiefe Ehrfurcht, Respekt und Demut gegenüber Mutter Erde und sie wissen, wie wichtig es ist, in Harmonie mit ihr zu leben.

Indianerhäuptling Seattle sagte:
„Die Erde gehört nicht den Menschen, der Mensch gehört zur Erde. Alle Dinge sind miteinander verbunden, so wie das Blut, das uns alle verbindet. Der Mensch hat nicht das Netz des Lebens gespannt, er ist gerade mal ein Faden in ihm. Was auch immer er dem Netz antut, tut er sich selbst an."

Auch unsere Ahnen nutzten die Zyklen der Natur, um ihren eigenen Rhythmus zu finden und sich im Leben besser orientieren zu können. Einige baten sogar Bäume um Rat oder lauschten deren Botschaft einfach nur, um die eigene innere Stimme wieder besser zu hören.

Was verbindet uns mit Bäumen?

Die Bäume – Spiegel unserer Körper

Der Stamm des Baumes entspricht unserer Wirbelsäule, beide sind die wichtigsten Energiekanäle im jeweiligen Organismus. Vergleichen wir einen Querschnitt vom Stamm mit einer Nahaufnahme unseres menschlichen Fingerabdrucks, sehen wir eine unverkennbare Ähnlichkeit. Wie der Baum Wurzeln hat, haben auch wir unsere – zwar keine physischen, aber energetische Wurzeln, um gut genährt zu sein. Der Baum zeigt uns, wie wichtig es ist, dass wir „verwurzelt" und mit Mutter Erde verbunden sind. Gleichzeitig dürfen wir wie der Baum nach oben wachsen, uns wie seine dicht belaubte Baumkrone voll entfalten. Im übertragenen Sinne: Wir leben unsere Potenziale und werden zum Mit-Schöpfer unseres Lebens. Nur wenn wir ganz hier ankommen, uns also richtig erden und verwurzeln, Ja zur Erde sagen, Ja zu uns selbst und zu unserer Lebenszeit auf diesem Planeten, können wir ein glückliches, gesundes Leben führen.

Auch die Blätter des Baumes zeigen uns, wie ähnlich wir ihm sind. Studien zeigen: Das Chlorophyll der Pflanzen ist fast identisch mit unserem Blut. Den Unterschied macht das Magnesium- bzw. Eisenmolekül: Das eine sorgt fürs Blattgrün, das andere für die rote Farbe im Blutfarbstoff Hämoglobin.

Bäume sind also Spiegel unserer Körper. Einer der wirkungsvollsten Wege, wieder bei sich anzukommen und sich zu heilen, ist die direkte Naturverbindung, indem wir beispielsweise Bäume umarmen, barfuß auf der Erde stehen, uns bewusst mit Mutter Erde verbinden und uns wie Bäume verwurzeln, um unser volles Potential zu leben.

Ein weiterer verbindender Aspekt sind die natürlichen Zyklen. An meinem Körper konnte ich beobachten, dass sich mein Regelzyklus dem Zyklus des Mondes anpasste, jeweils zum Voll- oder Neumond. Diesen Hintergrund wollte ich genauer verstehen.

Der Einfluss des Mondes / der Mondin auf unseren Zyklus

Sogar der Kosmos, die Sterne, die Planeten und natürlich die Sonne und der Mond stehen in direkter Verbindung zur Tier- und Pflanzenwelt und beeinflussen diese. Rudolf Steiner war einer der Ersten, der die Zusammenhänge neu erkannte und für die Landwirtschaft nutzbar machte. Ebbe und Flut wirken auf den Planeten und unsere Körper ein, bestehen wir doch zu ca. 70 Prozent aus Wasser. Egal ob Frau oder Mann: Unsere Körperkreisläufe sind von den Zyklen des Universums und einzelner Planeten beeinflusst. Dabei ist der hormonelle Zyklus des Mannes mit 24 Stunden wesentlich kürzer als der weibliche Zyklus. Im weiblichen Zyklus ist der Einfluss der Planeten noch direkter erkennbar: Der Mond braucht im Schnitt 29,5 Tage, bis er die Erde umkreist hat – der Menstruationszyklus einer Frau dauert ungefähr 28 Tage. Die vier Phasen des Zyklus stehen in direkter Verbindung mit den vier Jahreszeiten und dem Mond. Den zyklischen Einfluss der Jahreszeiten spüren wir zum Beispiel, wenn wir uns im Winter gerne zurückziehen oder uns im Frühjahr neu verlieben.

Die Elemente

Wir stehen nicht nur in direkter Verbindung zu Mutter Erde, wir sind Mutter Erde, denn unsere Körper bestehen aus ihren Elementen – wir sind sozusagen eine Mini-Version der Erde. Und am Ende unseres Lebens gehen unsere Körper wieder in ihr auf. Die Natur und ihre Elemente sind in allen unseren Zellen: Das Wasser in uns lenkt unsere Emotionen – es verbindet uns mit den Meeren und korreliert mit dem Mond. Ohne Erdung können wir nicht stabil nach oben wachsen, wie die Bäume, wir sind „haltlos". Wie Blätter tauschen unsere Lungen Luft mit der Umwelt aus. Das Feuer in uns transformiert, entfacht und begeistert. Äther, das fünfte Element, ist die universelle Kraft, die in allem steckt und alles miteinander verbindet. Alle Elemente beeinflussen sich gegenseitig, sie sind miteinander verbunden, haben ihre eigene Heilkraft und drücken sich individuell aus. Im Daoismus, der Astrologie, im Ayurveda und in der Traditionellen Chinesischen Medizin sind die Elemente das Kernstück – alles baut auf ihnen auf. Die Lehren des Feng-Shui, Qi Gong, Yoga, die 5-Elemente-Lehre stützen sich ebenfalls auf diese Naturkräfte. Dabei betrachtet die TCM die Balance der Elemente im Körper als Grundlage für Gesundheit. In der 5-Elemente-Ernährung werden die Nahrungsmittel jeweils den einzelnen Elementen zugeordnet – Holz, Feuer, Erde, Metall und Wasser, die in jedem ausgewogenen Gericht zusammen vorkommen sollten.

Innen wie außen – der Mikro- und der Makrokosmos

Meine Heilerin sagte einmal zu mir: „Wenn Du Dich selbst heilst, heilt auch Mutter Erde." Ich fragte sie,

warum und sie sagte: „Weil Du Teil von ihr bist."
Dieser Satz war für mich ein Schlüsselerlebnis.
Plötzlich wurde mir vieles klar. Wir sind ein Teil vom
großen Ganzen. Alle Dinge sind beseelt - Mutter
Erde, Pflanzen, Tiere, das Mineralreich und natürlich wir. Schamanen auf der ganzen Welt arbeiten
mit diesem Wissen und nutzen es zur Heilung.
Wenn wir dieses indigene Wissen intergrieren und
anwenden, sind wir im Flow. Lehnen wir die Wirk-
prinzipien der Naturgesetze ab, lehnen wir uns
selbst ab. Verändern wir beispielsweise die Genetik
der Pflanzen, verschmutzen die Luft, begradigen
Flüsse, fällt dies auf uns zurück: Wir fühlen uns dann
abgeschnitten oder entfremdet von unseren Gefühlen, unserem Planeten und unseren Lebensgrundla-
gen. Selbst wenn wir kochen, nutzen wir die Natur-
elemente. Durch diesen Prozess verbinden wir uns
automatisch mehr mit unserer eigenen Natur.

Es fängt mit UNS an

Heilen wir die Beziehungen zu unseren Herkunfts-
familien, zu unserem inneren Kind, zu unseren
Ahnen. Lösen wir unsere Traumata auf. Vergeben
wir uns selbst und anderen. Übernehmen wir wieder Verantwortung für uns und unsere Gesundheit.
Bewegen wir uns so oft wie möglich, am besten in
der Natur. Führen wir unserem Körper naturbelas-
sene und von Giftstoffen unbelastete Nahrungsmittel zu sowie reines, lebendiges Wasser. Erkennen
wir, dass wir spirituelle Wesen sind, die eine Erfahrung in einem menschlichen Körper machen. Wenden wir uns unserer inneren Stimme zu und folgen
dem Weg unserer Seele. Dann transformieren wir
nicht nur uns, sondern Mutter Erde und damit die
Lebensqualität für nachfolgende Generationen.

Je mehr ich in meine Selbstliebe komme, Selbst-
verantwortung übernehme, mich gesund ernähre,
Grenzen setze, auf meine innere Stimme höre und
ihr folge, desto mehr verändern sich meine Erfahrungen. Umso mehr Kapazitäten habe ich, mein volles
Potenzial zu leben, anderen zu dienen und zu helfen.
Es ist ein Geschenk, dieses Glück zu erleben, die
Freude zu teilen und andere zu ermutigen, dasselbe
zu tun. Verändern wir uns, verändern wir die Welt.

Der Weg
NACH INNEN – INS HERZ

Wenn die befruchtete Eizelle sich im Mutterbauch langsam zum Fötus entwickelt, ist das Herz das erste funktionale Organ, das sich ausbildet. Bereits ab dem 21./22. Tag beginnt es zu schlagen und transportiert Blut durch den winzigen Organismus.

Das Herz produziert von allen Organen das größte und kraftvollste Energiefeld. Das Feld kann einen Durchmesser von 2,5 bis 3 Meter haben und ähnelt der allgegenwärtigen, alles erschaffenden Torus-Form - der ursprüglichsten Form des Universums.

Es gibt alte Schriften, die besagen, dass schon die Urvölker über ihre Herzen verbunden waren und eine Verbindung zu Mutter Erde aufgebaut haben. Mit diesem inneren „Navi" fanden sie Nahrung, erhielten Prophezeiungen und sie konnten von Herz zu Herz kommunizieren. Deshalb spielt das Herz in fast allen großen Religionen oder spirituellen Traditionen eine bedeutende Rolle, als heiliger und heilender Raum, als Sitz der Seele und als Zugang zu Weisheit, zum Göttlichen und zum Universum.

Das Herz ist so viel mehr als eine biologische Pumpe mit Venen und Arterien. Es verbindet Dich mit dem, was Du wirklich bist – Deiner Seele, mit Liebe und Mitgefühl. Das Herz kennt die Wahrheit und Deinen Weg schon längst. Im Herzen kannst Du die Einheit spüren, aus der wir alle kommen. Es ist Weisheit und kosmische Intelligenz. Der Ort, an dem Heilung auf allen Ebenen stattfindet, an dem Du Zugang zu Deinem Höheren Selbst bekommst. Es ist Dein Weg nach Hause, Dein Kompass. Das Tor zu Deinem göttlichem Selbst, in dem alles möglich ist, wo alle Welten, alle Dimensionen und die gesamte Schöpfung erfahren werden können.

Durch Dein Herz bist Du mit den Herzen aller Lebensformen verbunden. Das Herz hat sozusagen sein eigenes Gehirn und Bewusstsein. Das Herzbewusstsein ist der Weg, um sich als Teil des Großen und Ganzen zu erfahren. Es hat immer eine Antwort für Dich. Erkennst Du die Macht, die in Deinem Herzraum sitzt, kannst Du Mit-Schöpfer Deines Lebens werden. Alles ist möglich, wenn wir in unserem Herzen mit Mutter Erde verbunden sind. Durch das Herz verbinden wir uns mit einer höheren Form des Wissens, des Verstehens, des Fühlens, bekommen Zugang zu Talenten und Antworten, von denen wir nicht ahnten, dass sie da sind.

Unsere Hände sind die Verlängerung unseres Herzens. Durch sie drücken wir aus, was sich in unserem Inneren abspielt. Verbinden wir uns mit unserem Herzensraum, bekommen wir wieder Zugang zu unseren Gefühlen, unserer Intuition, unserer Essenz. In unserem Herzen wohnt unsere Seele, der große Geist, die göttliche Quelle, die vom Zentrum des Universums durch alle Lebewesen wirkt.

Das energetische Feld unseres Herzens hat die gleiche Form wie das aurische Feld der Erde. Wir sind wie eine kleine Erde. Je bewusster wir den Schlüssel in unserem Brustkorb einsetzen, um so effektiver heilen wir uns, unser Umfeld und die Erde. Du bist immer mit allem verbunden   bewusst oder unbewusst. Unser Herz schenkt uns Geborgenheit, Halt, Orientierung, Sinn, Weisheit. Und es ist ein Ort heiliger regenerierender wohltuender Stille.

*Es braucht Mut,
sich dem Herzen zuzuwenden.*

Vergebung & Dankbarkeit

Vergebung ist ein wichtiger Schlüssel, um unser Herz zu heilen. Sie macht Dich frei und hält Dich nicht mehr gefangen in alten Energien. Wenn wir uns zunächst selbst vergeben und dann anderen, kann Heilung geschehen, unser Herz sich öffnen.

Vergebung hilft uns, noch mehr in die Selbstliebe zu kommen und uns so anzunehmen, wie wir sind.

Ho' oponopono ist ein hawaiianisches Vergebungsritual, welches uns einen praktikablen Weg lehrt.

Um dieses Ritual zu praktizieren, wiederhole folgendes Mantra:

I'm sorry – Es tut mir leid.
Please forgive me – Bitte verzeih mir.
I love you – Ich liebe Dich.
Thank you – Danke.

Doch warum schreibe ich hier in meinem Kochbuch überhaupt über das Herz?

Weil es der Zugang zu Deiner inneren Stimme ist und genau die ist für mich der Schlüssel zum „bewussten intuitiven Kochen" – ohne Grenzen, tief mit Dir, Deinem Körper und Deiner Seele verbunden, wo Du genau fühlst, was Du brauchst, was gut, richtig und gesund für Dich ist. Einfach, frei, kreativ, inspiriert, verbunden, individuell und unkompliziert.

Mit der inneren Stimme verbinden

Deine „innere Stimme" macht die Botschaft Deines Herzens hörbar. Sie ist eher leise, unaufdringlich und es erfordert anfänglich etwas Übung und vor allem Aufmerksamkeit, um sie zu bemerken. Je bewusster wir uns nach innen wenden, uns mit unserem Herzen verbinden und je stiller wir werden, um so deutlicher können wir diese feine Stimme hören, die im Alltag so oft untergeht. Die innere Stimme ist Deine Hohe Weisheit, Dein Hohes Selbst, die Stimme Deiner Seele, die im Herzen wohnt.

Um Zugang zu Deinem Herzraum und damit zur inneren Stimme zu bekommen, kannst Du folgende Übung machen:

Stelle Deine Beine hüftbreit. Lege die linke Hand auf Dein Herz, die rechte Hand oben drauf. Spüre Deinen Herzschlag – nimm ihn ganz bewusst wahr, jedes Pochen. Stell Dir vor, wie Du in Deinen Herzraum atmest. Bring Deinen Atem nun von Deinem Herzraum zu Deinen Füßen und stell Dir vor, wie aus Deinen Füßen goldene Wurzeln zum Mittelpunkt der Erde wachsen – zum Herzchakra von Mutter Erde. Atme die Energie über Deine goldenen Wurzeln nach oben durch Deine Fußsohlen, Deine Beine entlang bis in Dein Herzchakra. Entspanne dabei Deinen Bauch. Spüre, wie sich die Energie im gesamten Herzen verteilt, Dein Herz von innen wärmt und immer weiter ausbreitet. Mit jedem Ausatmen atmest Du Deine Herzensliebe zurück zu Mutter Erde. Wenn Dein Herz warm, wohlig und mit der Liebe von Mutter Erde gefüllt ist, bring diese Energie weiter hoch zu Deinem Kopf, Deinem Kronenchakra, und lass sie von dort weiter nach oben wachsen bis zu Vater Himmel, bis ins Universum. Visualisiere, wie Du das Verbindungsstück von Mutter Erde und Vater Himmel bist und lass Deinen Atem sich in dieser ganzen Verbindung ausbreiten – von Mutter Erde, durch Deinen Körper bis zu Vater Himmel. Spüre in dieses Energiefeld hinein.

Eine weitere Übung, die mein Leben verändert hat: Abends vor dem Einschlafen und morgens nach dem Aufwachen, erst die linke Hand auf mein Herz und die rechte Hand darüber zu legen. Mich ganz bewusst mit meinem Herzen zu verbinden, dem Herzschlag zu lauschen, in mein Herz zu atmen. Mir selbst Liebe und Wertschätzung zu schenken, denn damit fängt alles an. Mit der Liebe zu uns selbst. Die sich dann durch uns ausbreiten kann, für ein Leben mit mehr Liebe und schließlich für eine bessere Welt.

Wer es schafft, den Botschaften des Herzens zu folgen, wird mit innerer und äußerer Freiheit belohnt. Und Freiheit heißt, ganz Du selbst zu werden, zu Deiner wahren Natur zurückzukehren.

Intuitiv essen
UND KOCHEN

Intuitiv essen

Wir alle kommen als „intuitive Esser" auf die Welt. Babys schreien, wenn sie Hunger haben und gestillt werden wollen. Und sie hören auf zu trinken, wenn sie satt sind. Dieser natürliche Instinkt ist uns angeboren. Säuglinge empfinden noch rein und ursprünglich, sie nehmen die Signale ihres Körpers klar und deutlich wahr und äußern ihre Empfindungen ohne Filter. Sie haben noch keine

Glaubenssätze zum Thema Essen oder Ernährungsempfehlungen verinnerlicht. Bereits beim Heranwachsen im Mutterleib gibt das Baby vor, welche Nährstoffe es braucht und gerne über die Nabelschnur zugeführt bekommen will. Nicht umsonst essen Frauen in der Schwangerschaft vielleicht ganz andere Dinge, als sie vorher gegessen haben. Oder sie lehnen tierische Produkte plötzlich ab und haben Heißhunger auf Obst und Gemüse. Unser Körper ist ein Wunderwerk und unglaublich intelligent.

Entgiftung und Entschlackung

Um Zugang zu unseren intuitiven Ernährungsbe-
dürfnissen zu bekommen, ist es - neben der Verbindung zum Herzen - wichtig, den Körper erst einmal
zu entgiften und zu reinigen. Wenn der Körper ver-
schlackt und vergiftet ist, kann es schwieriger sein
zu spüren, was er wirklich braucht.

Fasten war für mich ein Meilenstein. Durch Fasten
kann der Körper Schwermetalle, Giftstoffe und Parasiten ausleiten. Gleichzeitig wird die Zirbeldrüse
entkalkt - sie ist ein weiteres wichtiges Organ, um
Zugang zu feinstofflichen Informationen von Innen
und Außen zu bekommen. Alle Belastungen können Dein Körpergefühl und Deine Wahrnehmung
beeinträchtigen. Wenn Du Parasiten im Körper
hast, hast Du zum Beispiel sehr oft Hunger auf Zu-
cker und kohlenhydratreiche Nahrung. Auch chronische Müdigkeit, Erschöpfung und Depressionen
können auf zu viele Gifte und Parasiten hinweisen.

Ich habe gefastet, weil ich meine innere Stimme
klar und deutlich hören wollte. Das klappt, indem
man seine Aufmerksamkeit von der rein äußeren
Nahrungsaufnahme auf innere Prozesse lenkt - zum
Beispiel die Entgiftung und dem Loslassen von
seelischem Ballast. Ich suchte mehr Ruhe – um die
Stimme meiner Seele zu hören. Zudem wollte ich
meinen gesamten Verdauungstrakt entlasten, um
ein besseres Körpergefühl zu bekommen.
Dadurch gab ich meinem Körper wieder die Mög-
lichkeit, auf Heilung umzuschalten, gewann mehr
Klarheit, Energie, größere Sensibilität, Selbstwert,
Gesundheit, Ruhe, Gelassenheit und innere Stärke.
Allerdings: Was für mich gut ist, muss nicht zwangsläufig auch für Dich gut sein. Ob Fasten wirklich
sinnvoll und gesund ist, hängt von der individuellen
körperlichen Konstitution ab. Jeder Körper ist so
einzigartig, dass es hilfreich ist, direkt mit ihm zu
kommunizieren, eine Ärztin/einen Arzt oder Heil-
praktikerInnen zu fragen.

Die Körperfeedbackmethode

Alles ist Schwingung und geht miteinander in Resonanz - positiv oder negativ. Diese Prinzipien kannst
Du nutzen, um mit Deinem Körper zu „sprechen".

So gehts:

1. Deine Beine stehen hüftbreit, Deine Knie sind
   locker.

2. Lege die Hände auf Dein Herz, zuerst die linke
   Hand, darüber die rechte.

3. Halte kurz inne und spüre Deinen Herzschlag.

4. Bitte dann Deinen Körper Dir ein „Ja" zu zeigen.

5. Beobachte, in welche Richtung er sich bewegt,
   ob Du beispielsweise leicht nach vorne kippst.

6. Bitte dann Deinen Körper Dir ein „Nein" zu zeigen.

7. Beobachte, in welche Richtung er sich bewegt
   oder wie Du Dich fühlst.

8. Das ist Dein „Nein".

9. Frage ihn nun: „Ist es zu meinem höchsten Wohl
   zu fasten?"

10. Warte auf Deine Körperreaktion, so erhältst Du
    Deine Antwort.

Es kann sein, dass diese Methode etwas Übung erfordert und sie nicht gleich auf Anhieb funktioniert.
Doch sie ist großartig und Du kannst sie täglich
üben, um in direkten Kontakt mit Deinem Körper
zu kommen. Übrigens kannst Du die Fragestellung
beliebig anpassen und so zum Beispiel schon beim
Einkaufen austesten, welche Lebensmittel Dir gut
tun und welche nicht.

Es geht ganz einfach:

1. Deine Beine stehen hüftbreit, Deine Knie sind
   locker.

2. Halte eine Karotte in der Hand, am besten vor
   Dein Herz.

3. Atme ein und aus.

4. Dann frage in Gedanken oder laut: „Ist diese Karotte zu meinem höchsten körperlichen Wohl?"

5. Warte auf Deine Körperreaktion (siehe oben).

Ich lege Dir diese Methode sehr ans Herz, da sie im
Alltag bei vielen Gelegenheiten wirklich praktisch

ist und Du Dich dadurch besser kennen lernst. Sie bringt Dich in Verbindung mit Deinem Körper, schult Deine Wahrnehmung und hilft Dir, die Signale Deines Körpers wieder besser wahrzunehmen.

Wenn Du keinen Zugang zu dieser Methode hast, kannst Du auch ein Pendel oder eine Einhandrute zur Abfrage verwenden.

Deine Gedanken bei der Nahrungsaufnahme

Es ist wichtig, darauf zu achten, mit welchen Gedanken und Affirmationen wir uns Nahrung zuführen. Wenn ich etwas esse, bei dem ich vielleicht denke, „Ich weiß, das ist jetzt nicht gut für mich, aber ich esse es trotzdem" oder „Ich weiß, das ist ungesund, aber ich"… oder „Ich weiß, das macht dick, aber …" dann wirkt das wie eine Art Befehl für den Körper. Denn Dein Unterbewusstsein und Deine Körperzellen hören nur, „ungesund", „macht mich dick" etc.

Die Kraft Deiner Gedanken ist mächtig.

Wenn Du Dich entschieden hast, etwas zu essen, egal, ob es als gesund, ungesund, Dickmacher oder Ähnliches gilt - genieße es in vollem Bewusstsein, dass es in diesem Moment das Beste und Leckerste für Dich ist, und dass es Dir gut tut! Sei dabei ehrlich zu Dir selbst. Wenn Du einen Zwiespalt in Dir bemerkst und die Situation nicht mit positiven Affirmationen besetzen kannst, überprüfe noch mal, ob Du dieses bestimmte Essen wirklich zu Dir nehmen willst.

Intuitiv zu essen heißt auch, sich wieder bewusst sich selbst zuzuwenden, auf seine Körpersignale zu hören und zu fragen, wie es einem nach dem Essen geht: Fühle ich mich schwer, müde und kaputt oder habe ich viel Energie und fühle mich leicht, gesättigt und glücklich? Schau ganz genau, ob Du etwas vielleicht nicht gut vertragen hast. Lag es an der Kombination des Essens? War ich meiner Mahlzeit bewusst zugewandt oder habe ich nebenbei aufs Handy geschaut? War ich gestresst? Habe ich lange genug gekaut oder alles heruntergeschlungen? So kannst Du die Verbindung zu Deinem Körper nach und nach immer mehr schulen.

Intuitiv kochen

Die Hauptzutat für das intuitive Kochen ist für mich die Liebe. Das mag vielleicht etwas kitschig klingen, aber tatsächlich fängt es damit an. Die Liebe und den Spaß am Kochen spürt man vielleicht noch nicht gleich von Anfang an, aber sei versichert, je mehr Du Dich dem Prozess hingibst, desto mehr Kreativität, Spaß und Liebe wirst Du empfinden und entwickeln. Du kannst es zu einem kreativen Prozess machen, Dir einen ruhigen Rückzugsort zum Essen suchen oder einen Ort, an dem Du

Dich mit anderen verbindest, wo ihr zusammen etwas kreiert. Stell Dir einfach vor, was Du damit alles in die Welt bringst. Du schaffst etwas, was Dich nährt, Deinen Körper, Deine Zellen, Deine Familie, Deine Kinder, Deine Freunde. Und das Gute ist, dass man die Liebe und Hingabe, die Du in den Prozess des Kochens gibst, sogar schmeckt und fühlt. So trägst Du dazu bei, auch andere Herzen zu öffnen.

Intuitiv kochen heißt, sich auf sein Gefühl zu verlassen, auf seine Sinne und seine innere Stimme – auf sein Bauchgefühl – zu hören. Wenn Du noch keine oder wenig Kocherfahrung hast, dann empfehle ich Dir, anfangs mit Rezepten zu arbeiten, um langsam Kontakt zu Lebensmitteln aufzunehmen und ein Gefühl für ihre Beschaffenheit, Kochzeiten usw. zu bekommen. Für mich war beim intuitiven Kochen die wichtigste Erkenntnis, dass ich wusste, wie jede einzelne Zutat riecht, schmeckt, sich anfühlt. Du verbindest Dich so mit den Nahrungsmitteln, Pflanzen und Gewürzen auf jeder Ebene. Nimm Dir Zeit, ganz bewusst das Gemüse zu erfühlen, zu riechen, zu schmecken, wenn es noch ungekocht ist, sofern es im rohen Zustand genießbar ist. Des Weiteren ist es essenziell, beim Zubereiten regelmäßig abzuschmecken um den Geschmack gegebenenfalls auszubalancieren. Hab Vertrauen in Dich und den Prozess und taste Dich langsam und in Deinem eigenen Tempo vor. So verlierst Du nach und nach die Angst und kommst mehr und mehr in die Liebe und ins Vertrauen.

Sei Dir zudem bewusst, wo Deine Nahrung herkommt und was notwendig war, dass sie heute so vor Dir liegt. Setze auf unverarbeitete, saisonale, regionale Bio-Lebensmittel.

Eine kleine Übung, um Deine Intuition in der Küche zu schulen:

1. Nutze keinen Timer wenn Du kochst - höre auf Deine Intuition, um herauszufinden, ob Dein Essen gar ist.

2. DANKE Deiner inneren Stimme, dass sie Dir einen wichtigen Hinweis gegeben hat und sie wieder einmal Recht hatte – Lob und Dankbarkeit stärken die Verbindung zu unserer inneren Weisheit.

Intuitiv zu kochen und so wieder unserer inneren Stimme zuzuhören, schafft Freiheit. Freiheit davon, einem Rezept maßgenau folgen zu müssen, Freiheit von Diäten, Freiheit, zu einer bestimmten Uhrzeit essen zu müssen, Freiheit vom Druck der Außenwelt, einem bestimmten Foodtrend folgen zu müssen und Freiheit von chronischen Krankheiten. Du gewinnst Vertrauen, ein völlig neues Körpergefühl und verbindest Dich dabei mit Deiner emotionalen und kreativen Seite – dem limbischen System des Gehirns, das Dich auf emotionaler und körperlicher Ebene nährt. Kochen ist unser ganz individueller Ausdruck von Liebe.

Jeder von uns kann intuitiv kochen.

Ich möchte Dich dazu inspirieren, Dein eigener Guru zu werden. Denn auch wenn ich in diesem Buch schreibe, welches Gemüse, welches Getreide wofür gut ist, gilt das nicht zwangsläufig für jeden. Und vielleicht ist auch die pflanzenbasierte Nahrung nicht die optimale Ernährungsweise für jeden Körper. Vielleicht verträgst Du genau das nicht, was als das „gesündestes" Nahrungsmittel der Welt gilt. Jeder Mensch ist so individuell und einzigartig, und ich bin überzeugt, dass Du selbst der Schlüssel für Deine optimale Ernährung bist. Du kannst ihn finden, indem Du Dich wieder Dir selbst zuwendest und herausfindest, was Du brauchst. Allerdings bedarf es Übung und regelmäßige „Gespräche" mit dem inneren „Ernährungsmeister". Mitgefühl für Dich selbst, Vertrauen, Hingabe, Neugier und spielerisches Ausprobieren sind gerade am Anfang Deine besten Freunde. Sei versichert, dass dieser Prozess nicht gradlinig ist, dass Höhen und Tiefen dazugehören und Erfahrung eine wesentliche Rolle spielt.

In diesem Buch habe ich Dir Gerichte zusammengestellt, nach denen Du Dich im Optimalfall voller Energie, gesättigt und glücklich fühlst. Ich habe sie teilweise so kombiniert, dass sie Deinem Organismus mehr Energie liefern, als er Energie braucht, um alles zu verdauen. Denn die richtige Kombination von Nahrungsmitteln ist ebenfalls ein entscheidender Schlüssel zur gesunden Ernährung.

Das Essen

SEGNEN

Mit den Worten „segnen" oder „Segen" verbinden viele Menschen etwas „Kirchliches", die Bibel oder generell Religion. Doch diese Begriffe sind für viele Menschen negativ behaftet, weshalb sich Viele - vor allem in der westlichen Welt - vom Segnen abgewandt haben und es nicht praktizieren. Das ging mir lange Zeit genauso: Ich hatte nie eine Verbindung zu diesen Worten, geschweige denn wusste ich, was sie genau bedeuten.

Die Bedeutung des Segnens

Segnen ist ein Ausdruck des Gutheißens oder „Gutsagens", der eine enorme Kraft besitzt, mit der wir unser Leben verändern können. Aber vor allem verändert diese Kraft uns, denn Segnen ist Liebe, die direkt aus unserem Herzen kommt, unser Herz öffnet und den Segen zu uns zurückfließen lässt. Nutzen wir also diese Kraft bewusst. Sie hilft uns, den Moment wertzuschätzen und in Positives zu verwandeln. Segnen ist die Verbindung zum Universum, denn alles ist miteinander verbunden und beeinflusst sich gegenseitig, bewusst oder unbewusst. Alles ist Energie. Diese Energie können wir als Schöpferenergie sowohl für uns selbst nutzen als auch für unsere Mitmenschen und unsere geliebte Mutter Erde. Wird uns bewusst, welche Macht und Kraft wir in uns haben, können wir alles verändern und in Eigenverantwortung übernehmen. Segen ist Ausdruck von Freude, Glück oder Dankbarkeit für etwas oder eine Person.

Ich hatte ein Schlüsselerlebnis als ich, von Masaru Emoto hörte. Der japanische Wissenschaftler erkannte, dass alles Energie und Schwingung ist und dass jeder selbst etwas gutheißen, also segnen

kann. Mit unserem Segen, mit liebevollen Worten und Gedanken, können wir Schwingungen erhöhen. Als ich das verstanden hatte, wollte ich ab sofort meine Schwingung und die meiner Umgebung erhöhen. Und ich begann damit, mein Essen zu segnen. Doch woher weiß ich, dass das wirklich funktioniert? Der Vorgang des Segnens ist ja nicht direkt sichtbar.

Masaru Emoto machte seine Theorie durch wissenschaftliche Studien und Experimente sichtbar und zeigte anhand von Dunkelfeldfotografien, dass unsere Gedanken, Gefühle, Worte und Musik Schwingungen aussenden, die dem Wasser Strukturen geben. Er entnahm Wasser aus unterschiedlichen Quellen und setzte es verschiedenen Situationen aus. Daraufhin fror er die Wasserproben ein und fotografierte die entstandenen Kristalle unter dem Dunkelfeldmikroskop. Die Ergebnisse waren erstaunlich: Gedanken und Worte der Liebe und Dankbarkeit, harmonische klassische Musik und Segnungen erschufen wunderschöne Wasserkristalle, wobei Gedanken und Worte von Hass, Ablehnung, Heavy-Metal-Musik und Gefühle der Angst das Gegenteil bewirkten. Die Wasserkristalle wirkten unstrukturiert, unharmonisch und wie defekt.

Dieselbe Wirkung zeigt sich, wenn man zwei Blätter Papier nimmt, auf den einen Zettel „Liebe", auf den anderen „Hass" schreibt, und auf jeden mindestens zehn Minuten lang ein Glas Wasser stellt.

Wir können es sogar an Pflanzen beobachten: Wer ein Gefühl für Pflanzen hat und sich gut um sie kümmert, sich ihnen mit Worten oder leise in Gedanken zuwendet, dem ist bestimmt schon

mal aufgefallen, dass sie besonders gut gedeihen, oft mehr Blüten tragen und lange leben. Durch negative Schwingungen und mangelnde Zuwendung bekommen sie stattdessen braune Blätter und gehen schneller ein.

Damit Du Dich selbst von diesen Effekten überzeugen kannst, schlage ich Dir ein einfaches Experiment nach Emoto vor:

1. Koche ca. zwei Portionen Reis mit Wasser in einem Topf ohne Salz.

2. Fülle den Reis in zwei Gläser, zum Beispiel Marmeladegläser, und piekse Löcher in die Deckel, damit Luft hineinkommt.

3. Beschrifte ein Glas mit dem Wort „Liebe" und das andere mit „Hass".

4. Besprich das Glas mit der Aufschrift „Liebe" mit Worten und Emotionen der Liebe, z.B. „Ich segne dich", „Ich liebe Dich", „Ich danke Dir, Du bist wunderschön".

5. Besprich das Glas mit der Aufschrift „Hass" mit Worten und Emotionen von Wut und Hass, z.B. „Ich finde, Du stinkst", „Du bist hässlich", „Ich hasse Dich", „Du schmeckst absolut nicht".

6. Besprich die Gläser entsprechend ein bis zwei Wochen lang, jeweils morgens und abends.

Du wirst sehen, dass sich der Reis in den Gläsern unterschiedlich „entwickelt" hat. Der liebevoll behandelte Reis wird kaum verändert sein, nur etwas trocken, wohingegen der Reis, der mit hasserfüllten Worten besprochen wurde, dunkel und schimmelig geworden ist und unangenehm riecht.

Gehen wir davon aus, dass unsere Körper aus 60–80 % Wasser bestehen und die Erde zu 71 % mit Wasser bedeckt ist, können wir uns bewusst machen, welche Macht unsere Gedanken, Worte und die Kraft des Segnens auf uns, Pflanzen, Tiere und den gesamten Planeten haben. Dies bedeutet, dass wir in jedem Moment etwas für uns und unsere Umwelt tun können.

In zahlreichen Ländern der Welt, wie auf der indonesischen Insel Bali, wird die Kraft des Segnens

jeden Morgen in Kombination mit Mantren und Dankbarkeitsritualen praktiziert. Viele Bauern segnen dort auch ihre Reisfelder und danken Mutter Erde, um ertragreiche Ernten zu haben. Besucher nehmen auf dieser Insel eine ganz besondere Energie wahr. Alle, die schon mal dort waren, werden wissen, was ich meine.

Segnen wir also unser Essen, unsere Nahrung, „energetisieren" wir sie. Beim Segnen geben wir unsere Intention, unsere Dankbarkeit und positive Schwingung in unsere Nahrung. Durch dieses bewusste Herangehen wird uns erstens klar, was alles dazugehört, damit das Essen nun so auf unserem Teller liegt. Zweitens nutzen wir zwei der stärksten Kräfte im Universum: die Kraft der Intention und die Kraft der Dankbarkeit, vereint in der Segnung. Mit beiden Kräften erschaffen und verändern wir unsere Realität – und ziehen noch mehr von dem an, was wir uns für unser Leben wünschen.

Ich segne mein Essen inzwischen schon vor dem Kochen, indem ich das Gemüse und die Zutaten in die Hand nehme und dafür danke, dass ich so frisches, gutes Bio-Obst und -Gemüse kaufen durfte. Dieses Bewusstsein erhalte ich während des gesamten Kochvorganges aufrecht, bis das Essen vor mir auf dem Teller liegt. Dann segne ich es erneut.

So kannst Du Dein Essen segnen:

1. Lege die Handflächen vor Deinem Herzen zusammen, bringe Deine Aufmerksamkeit in Dein Herzzentrum, bedanke Dich bei Dir selbst und allen, die daran beteiligt waren, dass Du das Essen jetzt genießen kannst: Danke Mutter Erde für alles, was auf ihr wächst, danke den Elementen Wasser, Erde, Feuer und Luft. Danke allen Menschen und Tieren, die am Wachstum, der Ernte, dem Transport etc. Deiner Lebensmittel beteiligt waren.

2. Halte dann die Hände über den Teller und sage beispielsweise: „Ich segne dieses Essen mit Liebe, Glück, Gesundheit, Reinheit und Fröhlichkeit. Möge es mich auf allen Ebenen nähren und erfüllen. Danke, danke, danke."

Deiner Fantasie sind dabei keine Grenzen gesetzt.

Du kannst Dein persönliches Segnungsritual jederzeit abwandeln, erweitern, kürzen, es laut oder leise, mit oder ohne Unterstützung Deiner Hände praktizieren.

Wichtig ist, dass Du Deinen ganz persönlichen Weg findest, der sich für Dich gut anfühlt, und dass Du darauf vertraust, dass alles genau so perfekt ist – ohne Zweifel. Je stärker Du darauf vertraust und daran glaubst, dass Deine Art zu segnen genau so richtig ist, umso kraftvoller ist Dein Ritual. Wichtig ist allein, dass der Segen aus Deinem Herzen

kommt, denn Segnen lässt Liebe aus Deinem Herzen fließen.

Segnen kann jeden Bereich Deines Lebens verbessern und erhellen, wenn Du es bewusst anwendest. Es kann Dir helfen, Probleme zu lösen und Wünsche zu erfüllen. Probiere es spielerisch aus, experimentiere und schaue, was sich verändert. Alles, was Du aussendest, kommt zu Dir zurück – auch der Segen. Segnen verändert mit der Zeit nicht nur uns selbst, sondern auch unsere Umgebung und die Welt.

Die Symbole

Ich gebe zu, es klingt außergewöhnlich, Essen mit Symbolen zu energetisieren und zu segnen – und das ist es auch.

Aber: Alles ist Schwingung – das erkannte auch Nikola Tesla:

„Wenn Du die Geheimnisse des Universums verstehen willst, dann denke in Begriffen wie, Energie, Frequenz und Schwingung."

Alles schwingt in einer spezifischen Frequenz. So hat auch jedes Organ, jede Zelle, jeder menschliche Körper, jeder Stein, jede Zahl, jedes Symbol, jedes Tier, jeder Baum, jeder Ort, jedes Obst und Gemüse seine eigene Frequenz beziehungsweise seine eigene Schwingung, die in Resonanz mit der Außenwelt geht. Diese unterschiedlichen Frequenzen beeinflussen sich gegenseitig. Wenn wir auf andere Menschen treffen, sind uns einige von Grund auf sympathisch, andere wiederum sofort unsympathisch. Grund dafür ist ihre jeweilige Schwingung, die mit uns in harmonische Resonanz geht oder eben nicht.

Um Dir das zu verdeutlichen, kannst Du eine Klangschale mit Wasser befüllen, sie mit einem Holzstab zum Klingen bringen und anschließend mit dem Holzstab am Rand der Schale entlangstreifen. Diese sanfte Schwingung überträgt sich aufs Wasser – und Du kannst es in Form von kleinen Wellen, Mustern oder aufsteigenden Tropfen sehen.

Jeder Mensch nimmt Energie, Schwingungen und Frequenzen auf ganz eigene Art wahr – bewusst oder unbewusst. Denn wir sind in zahlreichen Energiefeldern eingebettet, die permanent in Bewegung sind. Das bedeutet, wir stehen in einem ständigen Informationsaustausch mit unserer Umwelt. Die Informationen, also die Schwingungen, sind es, die den Aufbau und die Struktur der Materie

steuern. Diese können wir beispielsweise durch unsere Gedanken, Gefühle und positive Affirmationen mit beeinflussen, mitgestalten und nutzen. Wir sind also Mit-Schöpfer unserer Wirklichkeit.

„Du bist was Du denkst."
Siddhartha Gautama – Buddha

Wie wirken Symbole?

Auch Symbole haben ihre ganz spezifischen Schwingungen. Mit Symbolen können wir Heil-Impulse setzen. Sie sind wie Werkzeuge, Hilfsmittel aus dem Universum, denn sie tragen Informationen in gebündelter Form in sich. Je nach Symbol ist die Botschaft unterschiedlich, dementsprechend unterscheidet sich ihre Wirkkraft.

Symbole sind in allen Kulturkreisen unserer Erde zu finden. Besonders bei den Urvölkern werden Symbole häufig auf die Haut gemalt, wie wir es beispielsweise bei den indigenen Völkern in Afrika oder Südamerika sehen können.

Symbole haben zudem eine verbindende Eigenschaft. Sie schlagen Brücken zwischen der physischen Welt – unter anderem dem Körper, oder allem, was man „anfassen" kann – und dem Bewusstsein, der feinstofflichen, nicht sichtbaren Welt.

Die Symbole, die Du in diesem Buch findest, stammen aus den Büchern „Larimar", „Antares" und „Ingmar" - die Symbolnamen bezeichnen drei einzigartige energetische Programme bzw. Symbolsysteme, die seit Äonen als Wissen im Universum verankert und in den morphogenetischen Feldern der Erde wahrnehmbar sind. Die Symbole sind für alle Wesenheiten zugänglich und nutzbar, jedoch waren Dr. Wolfgang Becvar und Werner Neuner die ersten, die sie entschlüsselt und sie in den oben genannten Büchern dokumentiert haben.

Ziel der Symbolkräfte ist es, den Menschen an sein schöpferisches Potenzial zu erinnern, an seine Verbundenheit mit dem menschlichen Kollektiv sowie der gesamten Schöpfung – den Tieren, den Pflanzen, der gesamten Natur und dem Universum. Außerdem dienen Symbolkräfte der Förderung menschlichen Bewusstseins, als Orientierungshilfe und als Unterstützung zur Entfaltung.

Die Symbole, welche ich für die Energetisierung der Gerichte in diesem Buch ausgewählt habe, habe ich via Pendeln ermittelt.

Ingmar wirkt auf der körperlichen Ebene.

Antares löst vor allem energetische Blockaden auf und bringt die Energien des Menschen ins Fließen. Das System wirkt hauptsächlich im Emotionalkörper des Menschen.

Larimar aktiviert die Spiritualität und fördert die psychische Stabilität des Menschen.

Die Symbole auf Gerichte übertragen

1. Zeichne das Symbol auf Papier oder drucke es über den QR-Code einfach aus.
Wenn Du es zeichnest nimm ein A4-Papier und zeichne das Symbol genauso auf, wie es hier im Buch abgebildet ist. Wiederhole dabei in Gedanken den Namen des Symbols, damit die Energie in die Zeichnung hineinfließen kann. Wenn Du es über den QR-Code ausdruckst, stelle Dein Gericht drauf, lies in Gedanken den Namen des Symbols.

2. Die mentale Übertragung:
Stelle Dir zunächst das Symbol vor Deinem Dritten Auge vor. Anschließend stellst Du Dir vor, wie Du das Gericht in dieses Symbol einhüllst. Nutze dafür folgenden Übertragungsspruch: „Kraft meines göttlichen Bewusstseins ordne ich an, dass die Symbolkraft ..., die nach kosmischen Gesetzmäßigkeiten funktioniert, auf dieses Gericht übertragen wird und dort so lange ihre Wirksamkeit beibehält, wie dies für mein höchstes Wohl förderlich ist. Ich segne die Symbolkraft ..., und ich bedanke mich bei ihr.

3. Verwende das Symbol wie ein Mantra:
Lies und wiederhole den Namen des Symbols mehrfach hintereinander und singe mit einer beliebigen Melodie dazu. Der Klang des Symbolnamens kann bereits den Schwingungszustand hervorrufen, den das Symbol beinhaltet. Nach meiner persönlichen Erfahrung mit den Symbolen, hat sich auch folgende Methode bewährt:

4. Übertragung über die geöffnete Handfläche:
Zeichne das Symbol mit Deiner geöffneten Handfläche über dem Gericht in die Luft. Wenn Du LinkshänderIn bist, nutze dafür Deine linke Hand, und wenn Du RechtshänderIn bist, nutze Deine rechte Hand. Denke dabei an den Namen des Symbols und sprich dazu den Übertragungsspruch.

Bevor das ausgependelte Symbol für das zubereitete Gericht genutzt wird, empfiehlt es sich, zuvor das Symbol TALG anzuwenden. Es wirkt entgiftend und entstörend. Ich habe dieses Symbol auf einen A3-Zettel ausgedruckt und laminiert, darauf stelle ich vor allem Lebensmittel, die keine Bio-Qualität haben. Etwa 10 Minuten lang.

Du kannst die Symbole auch für andere Zwecke verwenden. Zum Beispiel auf ein Wasserglas übertragen, oder auf ein Keramik-, Leder- und Edelmetall-Amulett. Auch Kristalle eignen sich dafür hervorragend.

Oder Du malst die Symbole auf die Haut. Wie in der Symbol-Homöopathie.

Was es noch zu beachten gilt

Ob Symbolkräfte zur Wirkung kommen und in welchem Ausmaß, hängt zum einen vom gesamtenergetischen Umfeld ab, zum anderen vom freien Willen eines jeden Menschen. Nur dann, wenn das hohe Selbst des Anwenders die Einwilligung gibt, kann die Symbolkraft zur Wirkung kommen. Und es hängt von der Offenheit des Anwenders ab, wie wirkungsvoll sich diese Energie entfalten kann. Je bewusster, aus dem Herzen kommend und mit echt gefühlter Liebe ein Symbol übermittelt wird, desto stärker ist seine Wirkung.

TALG

ist das Entgiftungs- und Entstörungssymbol. Es entstört Lebensmittel, Futtermittel, Medikamente, Reinigungsmittel, Kosmetikprodukte und vieles mehr. Stelle Deine Waren für mindestens 10 Minuten auf das Symbol. Flüssigkeiten für mindestens 5 Minuten.

ARIGA

löscht Sorgen und hebt irreale Ängste auf. So werden Energiemuster gereinigt und erhalten eine lichtvolle Ausrichtung. Deine Kreativität, die Dich auf Deinem Lebensweg vorantreibt und leitet, wird neu erweckt. Ungeahntes und schlummernde Potentiale können sich so entfalten.

SINDAL

versteht sich als Kraft, die den Durchbruch in neue Dimensionen der Manifestation vorbereitet. Aus Bildern werden Realitäten erschaffen, die noch im Reich der Ideen und Feinstofflichkeit existieren.

MEGAMIN

bringt Klarheit zwischen einem blockierten Unbewussten und dem göttlich-kosmischen Gesamtbewusstsein. Durch klare Erkenntnisse wird lebendige Spiritualität möglich. Megamin verhindert frühzeitiges Altern, fördert die Kreativität und die Sexualität.

KOB

KOB weckt die Bereitschaft, das Potential für erfüllte Partnerschaften zu erkennen, zu entwickeln und zu leben, indem es zum Beispiel die Angst vor Nähe mindert.

AQUAM

verzögert den biologischen Alterungsprozess und beschleunigt den Reifegrad der Seele. Kurzum: Es symbolisiert den Aufstieg des inneren Kindes zum ewig jungen Meister.

MERZ

ist das Symbol der inneren Ruhe und Sicherheit, auf dass Du ausschließlich in Dir Geborgenheit und Klarheit findest.

FEROON

optimiert jede Art von Übertragung, sowohl auf körperlicher als auch auf mentaler Ebene. Es hilft, die Informationen, die übertragen werden, mit der bestmöglichen Energie zu versorgen, ins Fließen zu bringen und zu harmonisieren.

RUN

hilft, Ungeduld, innere Hast und Unruhe zu besänftigen. Alles kommt zur rechten Zeit.

MANALI

hilft, Ängste, die in Beziehung zu Dir nahestehenden Personen auftreten, zu löschen. Es unterstützt Dich dabei, in Beziehungen mit anderen sicherer aufzutreten.

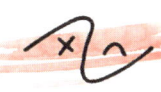

LASTEX

hilft, alte Muster und Bilder von fesitzenden schlechten Erfahrungen, Verletzungen und Enttäuschungen zu durchbrechen, die eine Spirale von Depression und Angst in Gang setzen können.

KLON

erweitert bzw. ergänzt die persönliche Wahrnehmung und verbessert die Sehschärfe.

LUUM

verbindet das, was zusammengehört. Überall dort, wo etwas zerbricht oder auseinander strebt, kann die Kraft von Luum heilsam sein.

HONSCHU

hilft, wenn man das Gefühl hat, „auseinander zu fallen" oder innere Zerrissenheit fühlt. Honschu harmonisiert diese Energien.

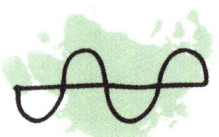

GUMOR

hilft Dir, wenn Du Anpassungs-
schwierigkeiten hast und Dir Deine momentane Lebenssituation
unübersichtlich erscheint. Es
bringt unsere eigene Herzfrequenz
in Einklang mit der Herzfrequenz
von Mutter Erde und hilft dem
Schritt des Herzens zu folgen, um
sein Göttliches zu erkennen.

AVITA

ist eine geistig transformierende
Kraft, die Umwandlungsprozesse
unterstützt.

ONOMAN

erweckt in Dir Kreativität, unter-
schiedliche Ideen miteinander zu
kombinieren und in größter Schönheit hervorzubringen.

TEMPLA

kümmert sich um die Ur-Angst des
Versagens, die vielfach verbunden
ist mit der Angst vor Bestrafung.

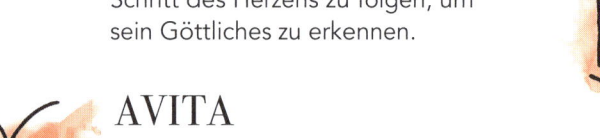

PRANA

hilft dem Menschen seine eigentli-
chen Lebensziele und Aufgaben zu
erkennen. Es wandelt fremdpro-
grammierte genetische Lebens-
muster um.

LATERAN

hilft, sich nicht von inneren oder
äußeren Gefühlen und Emotionen
überwältigen zu lassen. Diese können Krankheiten auf seelisch-kör-
perlicher Ebene hervorrufen.

LINXX

ist ein Symbol der Urkraft des Lebens, die Dich mit Deiner inneren
Sonne verbindet. Im Inneren findest Du alles, was Dein Herz im
Zusammenhang mit Deiner eigenen Stärke begehrt.

KUENEL

bringt frischen Wind in ein fest-
gefahrenes Leben und räumt im
Denken, Fühlen und Reagieren auf.
Kuenel unterstützt somit Auflösung,
Transformation und Energie-Entla-
dungen.

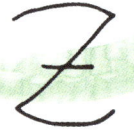

ALUUN

ist die Kraft der Partnerschaft und
bringt seine Lichtkraft dort ein, wo
sich zwei Wesenheiten zu einer ge-
meinsamen Strömung verbinden.
Es umgibt die entstandene Einheit
mit dem heiligen Kreis und segnet
alle neuen Kreationen, die sich da-
raus ergeben.

RINKH

hilft in Situationen, die aussichtslos
erscheinen, Kapazitäten zu entwickeln, um diese zu meistern. Generell ist es hilfreich bei der
Realisierung von schwierigen Pro-
jekten. Es ist das Konzentrat, die
Besinnung auf das gegenwartsbe-
zogene Denken und Handeln im
Einklang mit den Naturgesetzen.

METAGOON

Die Kraft von Metagoon erweckt in Deinem Bewusstsein, die Erinnerung an die völlig harmonische Ausgewogenheit im Universum. Bereits die Erinnerung daran erzeugt eine heilsame Wirkung mit weitreichender Ausstrahlung, da sie jede Struktur durchdringt und der heilenden Ordnung zuführt. Im Bereich der Kommunikation wird der Austausch heilsam und förderlich für alle Partner.

RESPEL

erleichtert das Mitspielen im großen Weltorchester, auch gerade deshalb, weil die Welt morgen schon Kopf steht. Ein wichtiges Symbol für alle Menschen mit Umstellungsschwierigkeiten auch in Bezug auf das neue Zeitalter.

Pɪ

hilft Dir, alles ganz zu machen. Die Energie dieses Symbols wird bei sogenannten Wundern wirksam. Sie ist allerdings abhängig von den Faktoren Zeit, entwickeltes Bewusstsein und Karma.

TENDRO

hilft bei chronischer Müdigkeit, reduzierter Lebensfreude, Lust- und Kraftlosigkeit. Zum Beispiel hervorgerufen durch neue Energiefelder, die sich der Erde nähern.

LAMBERT

bringt aktivierende, befruchtende Impulse und unterstützt die Entwicklung des Charakters in Bezug auf Eigenverantwortlichkeit und Entscheidungsstärke.

ASCHA

schützt und gibt Geborgenheit, damit der göttliche Same, der in Dir gesetzt wurde, gedeihen und zur Fülle gelangen kann. Ascha dient zudem als Schutzkraft, wenn etwas Neues beginnt oder der Mensch sich in einer Umbruchs- und Neugestaltungsphase befindet. Es schützt zudem alle Projekte im Planungsstadium oder welche, die sich gerade erst entwickeln.

HOLON

ist die Symbolkraft des inneren und äußeren Friedens. Damit lässt sich auch in das Herz des Nächsten hineinschauen und so seine wahre Schönheit erkennen. "Nichts mag mich daran hindern, den mich umgebenden Makrokosmos genauso zu lieben wie meinen eigenen Mikrokosmos".

WEEG

hilft dem Menschen, auf den Pfad zur göttlichen Einheit zu gelangen. Es sind nur die Gedanken, die Illusionen, die uns abschneiden von der großen Einheit; sie lassen den Pfad als steinig und schwer begehbar erscheinen.

KEFALUUN

ist die Kraft, die machtorientierte Programmierungen zum Stillstand bringt, wodurch deren Wirksamkeit erlischt. Die Auswirkungen werden gestoppt und es entsteht augenblicklich ein freier Raum. Es kommt zu einer natürlichen Entwicklung und zur vollen Verwirklichung von Dir und der Ganzheit, der Du von Grund auf zugehörig bist.

LINZ

schafft fließende Übergänge zwischen Materie und Geist. Es hilft uns, Dinge geschehen zu lassen, im Fluss zu sein und das Glück im Moment zu erfahren, wo eine Balance zwischen Nehmen und Geben besteht.

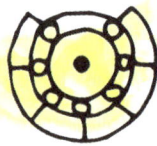

MAGMA

verbindet uns liebevoll mit den elektromagnetischen Feldern von Mutter Erde, die heilend auf unseren Organismus wirken. Fühlen wir uns von einer seelischen Last fast erdrückt, können wir die belastenden Energien mit Magma ableiten und entladen. Magma führt uns wieder in unsere Mitte zurück."

BAUM

erleichtert die Kommunikation mit den Naturwesen. Baum ist ein Sprachrohr der Göttlichen Intelligenz.

ELF

ist die Kraft des freien Fluges und eröffnet jenen Raum, der Deiner Multidimensionalität entspricht. Es hilft Dir einen Überblick zu den aktuellen Zeitqualitäten und den wirkenden Energiekräften zu bekommen, so dass Du zu reiner Bewusstheit wirst.

KIRSTIN

verhilft Dir, die reine göttliche, selbstlose und allumfassende Liebe bewusst zu empfangen, zu leben und stets durch Dein Selbst auszudrücken.

KRISIS

hilft, zurück zu Dir zu finden. Es dient der Seele, ihre Fassung wiederzuerlangen zum Beispiel nach Erschütterungen und Depressionen. Die Krise anzunehmen und den Weg weiter zu gehen entschärft sie bereits.

RITTEL

verhilft Dir zu erholsamem und ökonomisch effektivem Schlaf. Für all jene Menschen, die glauben, sie müssen viel und lange schlafen, um ausgeruht und leistungsfähig zu sein.

MERT

ist ein Meditationssymbol und es hilft Dir weiterzugehen, sofern Du bereit bist. Denn am Ende wartet ein neuer Anfang.

ELEMI

ist die Kraft, die entfaltet. Elemi fördert alles, was bewusst und in Liebe geschaffen wurde und führt es schrittweise zu seiner Reife. Es fördert vor allem Projekte, die am Anfang stehen und bereits konkret in die Welt gesetzt wurden. Es ist eine starke Kraft für menschliche Entwicklungsprozesse wie die Pubertät.

REDE

hilft, gut geerdet zu sein und die Aura zu stabilisieren. Es verwurzelt Dich, so dass Du mit Herz und Verstand gleichermaßen verbunden bist, ohne Dich an unnötige Gesetze gebunden zu fühlen.

WAXA

hilft Dir, die ursprünglich göttlich-reine Liebe zu leben ohne Prägungen der Manipulation. Nur wenn Liebe tatsächlich frei und ungehindert fließen kann, gereicht sie zum Segen der herz-lichen Liebe und dauerhaften Partnerschaft.

LAGER

ist die Essenz, die Dir hilft, Deinen Ursprung, die Heimat Deiner Seele zu finden.

ELBA

entbindet ungünstige Verdichtungen im Körper und wird bei erhöhten Blutfettwerten, Fettsucht und Übergewicht eingesetzt. Es hilft bei Gewichtsreduktion und wirkt entstörend.

OCHELIION

verwandelt Dich in eine Klangform unendlicher Schönheit, die im Einklang mit Deiner ureigenen Bestimmung und Deinem kosmischen Auftrag steht. Du bewegst Dich mit Ocheliion in jenem Takt, durch den Du Dich im richtigen Moment am richtigen Ort einfindest, um dort die bestmögliche Wirkkraft zu enfalten.

LEMPO

Lempo verbindet mit der Liebe und Weisheit, die vom Sirius ins gesamte Universum ausstrahlen. Lempo kann ein „kosmischer Begleiter" sein, der in schwierigen Lebensphasen wieder aufrichtet.

SANDYL

hilft Dir in Zeiten der Hoffnungslosigkeit, Dich wieder aufzurichten und Dich aus der Verwirrung zu befreien. Es schenkt Dir neue Hoffnung, Licht und Glück.

KURT

begleitet uns bei Bedarf auf der Reise nach innen, vorausgesetzt wir begeben uns dabei an einen Ort der Ruhe und des Friedens. Wo Stille herrscht, kann sich Bewusstsein ausdehnen.

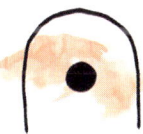

MIRAGE

ist eine Kraft, die allen konkreten Manifestationen zu dauerhaftem Bestand verhilft. Ihr Ausdruck ist durchdrungen von unendlicher Liebe.

Die Chakren
WIE DU SIE MIT LEBENSMITTELN NÄHRST

Was sind Chakren?

In allen großen spirituellen Traditionen der Erde ist von sogenannten „Energiezentren" die Rede.

Durch meine Yogalehrerausbildung in Indien kam ich schon früh in Berührung mit den „Chakren" wie die Energiezentren auf Sanskrit, der altindischen Sprache der Veden, heißen.

Chakra bedeutet aus dem Sanskrit übersetzt so viel wie „Rad". Gemeint sind die Energiezentren im Körper des Menschen. Es handelt sich dabei um feinstoffliche Energiezentren oder auch Energiewirbel, die die universelle Lebensenergie aufnehmen, umwandeln, leiten und letztendlich unserem Körper zuführen. Sie wirken wie eine Art „Schaltzentrale". Damit sich diese Energie gut verteilen kann, gibt es Energiekanäle im Körper. Bei den Veden heißen sie „Nadis", bei uns sind sie vor allem aus der Traditionellen Chinesischen Medizin, kurz: TCM, als „Meridiane" oder Energiebahnen, bekannt. Bestenfalls fließt diese Energie frei und gleichmäßig, dann sind wir gesund.

Es gibt sieben Hauptchakren in unserem Körper, die sich an Stellen mit starken Nervengeflechten befinden. Von hier aus verbinden und versorgen sie Drüsen und Organe.

Die Chakren sind immer in Bewegung – rotieren, mehr oder weniger aktiviert, das hängt vom Bewusstseinszustand des jeweiligen Menschen ab. Sie unterscheiden sich in ihrer Funktion und Daseinsform: Jedem Chakra ist eine konkrete Farbe und ein Ton zugeordnet sowie geistiges und seelisches Bewusstsein, welches wiederum unsere Emotionen und Organe und damit unseren gesamten Körper beeinflusst.

Sind unsere Chakren nicht in Balance, sondern befinden sich in einer Über- oder Unterfunktion - hervorgerufen durch Schock und Traumata, emotionale Belastungen, negative Energien, „tote" Nahrung, zu viele Gifte und andere Ursachen - so kann das Auswirkungen auf unsere seelische, mentale und körperliche Gesundheit haben.

Welche Chakren gibt es und was nährt sie?

 **Das 1. Chakra, das Wurzelchakra** wird im Sanskrit „Muladhara" genannt. Ihm wird die Farbe Rot zugeordnet. Es steht für die ursprünglichste Verwurzelung mit Mutter Erde und liegt am unteren Ende der Wirbelsäule, genauer gesagt, zwischen dem After und den Genitalien bzw. am Damm.

Das Wurzelchakra verbindet uns mit der physischen Welt. Alle Überlebensmechanismen, Überlebenswille, Stabilität, Sicherheit, innere Stärke, Lebenskraft, Geborgenheit und der Wille, hier auf der Erde zu sein sowie eine harmonische Verbindung mit Mutter Erde werden von diesem Chakra energetisch gesteuert.

Das Wurzelchakra ist wichtig für alle darüber liegenden Chakren, da es wie eine Art Fundament wirkt. Zudem liegt hier auch ein unerschöpfliches Energie-Reservoir - die Kundalini-Energie. In den alten Schriften der Veden wird sie als „schlafende" Schlange dargestellt. Erwacht diese Energie, „schlängelt" sie sich entlang der Wirbelsäule nach oben und führt im Optimalfall zum Erwachen und letztendlich zur Erleuchtung.

Wenn das Wurzelchakra harmonisch schwingt, ist es für Dich im Leben einfach, Deine Ziele zu erreichen, die im Einklang mit Mutter Erde sind. Du bist zufrieden und ausgeglichen und fühlst Dich sicher auf unserer Erde. Du hast ein tiefes Urvertrauen, dass alles so kommt, wie es soll und nimmst dies in Dankbarkeit an.

Ist dieses Chakra außer Balance geraten, zeigt sich das Ungleichgewicht zum Beispiel durch Angst, Sorgen, Unsicherheit, Ablehnung, aber auch Wut, Aggressionen oder die Sucht nach materiellen Besitztümern, und Konsum auf Kosten anderer, auch unserer Umwelt. Grund dafür ist fehlende Stabilität. Ursachen für diese Imbalance sind meist im Kindesalter zu finden.

Heilsame Nahrungsmittel für das 1. Chakra – Lebenskraft und Erdung:

Rote Beete, Pastinaken, Kartoffeln, Karotten, Kohlrabi, Zwiebeln, Tomaten, Rote Paprika, Rüben, Ingwer, Leinsamen, Sojaprodukte, Hülsenfrüchte, Hagebutten, Pilze, Radieschen, Knollensellerie

 **Das 2. Chakra ist das Sakralchakra,** welches im Sanskrit den Namen „Svadhishthana" trägt. Ihm wird die Farbe Orange zugeordnet. Es liegt über den Genitalien und ist mit dem Kreuzbein verbunden. Es steht für ungefilterte und ursprüngliche Emotionen, aber auch für sexuelle Energie, Kreativität, Schöpfungskraft und zwischenmenschliche Beziehungen.

Ist dieses Chakra ausgeglichen und im harmonischen Fluss, zeigt sich dies dadurch, dass man seine Gefühle offen und ehrlich ausdrücken und sich anderen Menschen, insbesondere auch dem anderen Geschlecht, öffnen kann. Sex kann ein Weg sein, sich in der Einheit zu erfahren. Es kann aber auch ein Weg sein, die eigene Kreativität zu entfachen, Freude und Bewunderung für das Leben zu fühlen, auszudrücken und damit auch Andere zu inspirieren.

Wenn dieses Chakra unausgeglichen ist, kann übersteigertes oder ein gering ausgeprägtes sexuelles

Verlangen die Folge sein. Auch ist es Menschen mit blockiertem Sakralchakra nicht möglich, ihre Gefühle auszudrücken - sie neigen zu extremer Emotionalität oder empfinden Spannungen gegenüber dem anderen Geschlecht. Das eigene Schöpferpotenzial und das Potenzial für kreativen Ausdruck werden meist nicht erkannt und genutzt.

Unterstützende Nahrungsmittel für das 2. Chakra – Emotionen und Sensitivität:

Kurkuma, Kürbis, Melone, Birne, Ananas, Orangen, Brennnessel, Zimt, Vanille, Äpfel, Wassermelone, Gurke, Mangos, Erdbeeren, Kokosnuss, Fenchel, Chiasamen, Leinsamen, Tomaten, Aloe Vera, Rhabarber, Zitrone, Spargel, Artischocken, Schmorgurke, Chinakohl

 **Das 3. Chakra ist das Solarplexuschakra,** im Sanskrit „Manipura" genannt. Es sitzt im Sonnengeflecht, einem Nervengeflecht, in dem viele Nervenknoten zusammenlaufen, zwei Fingerbreit oberhalb des Bauchnabels. Es steht für unsere innere Sonne, unseren Ausdruck in der Welt, das „ich bin" – unserem Selbstbewusstsein. Hier werden die Energien von außen gebündelt und dann über die Energiebahnen im Körper verteilt. Das Verdauungssystem und unser Bauchgefühl sind eng mit diesem Chakra verbunden. Es „verdaut" und „liest" unsere Emotionen ebenso wie Emotionen anderer Menschen und bringt diese entsprechend zum Ausdruck.

Ein gut funktionierendes Solarplexuschakra steht dafür, dass wir wissen, wer wir im Leben sind.

Wir kennen unseren Wert und stehen für das ein, was uns wichtig ist. Wir sind im Frieden und in innerer Harmonie mit uns selbst und akzeptieren uns so, wie wir sind. Dieses Licht und diese Energie strahlen nach außen und inspirieren auch andere, in ihr Licht zu treten. Wenn unsere Handlungen diese Harmonie ebenfalls ausdrücken, tragen wir zur Evolution bei.

Wenn dieses Chakra nicht ausbalanciert ist, können mangelnde Lebensfreude, Depression oder

Antriebslosigkeit die Folge sein. Aber auch der Drang, alles kontrollieren zu wollen, Machtausübung, Manipulation, Wut und Aggressionen können sich ausdrücken - als Folge angestauter Energien, die ebenfalls meist aus der Kindheit stammen. Fehlendes Selbstvertrauen und fehlende Selbstliebe sind typisch. Anerkennung, Ansehen und Akzeptanz von außen sind enorm wichtig, statt diese in sich selbst zu finden.

Unterstützende Nahrungsmittel für das 3. Chakra – Vitalität und Willensstärke:

Bananen, Weizen, Reis, Mais, Roggen, Hafer, Sonnenblumenkerne, Mandeln, Cashews, Samen, Nüsse, Kamille, Ingwer, Kichererbsen

Das Herzchakra ist das 4. Chakra,

im Sanskrit „Anahata" genannt. Es befindet sich in der Mitte der Brust, auf Höhe des Herzens. Ihm wird die Farbe Grün oder Pink, manchmal auch Gold zugeordnet. Es ist die Schnittstelle zwischen den drei unteren und den drei oberen Chakren. Hier ist der Sammelpunkt unserer Gefühle und das „Zuhause" unserer Seele. Liebe, Mitgefühl, Dankbarkeit und Vergebung strahlen aus unserem Herzen in die Welt, aber auch Schmerz, Trennung und Verlust werden in diesem Zentrum verarbeitet. Das Herz ist der Zugang zum Göttlichen, wenn wir uns als Teil des großen Ganzen erfahren können und die unendliche Liebe zu spüren vermögen.

Wenn das Herzchakra im harmonischen Fluss ist, strahlt die Liebe zu uns selbst nach außen und hilft anderen, sich zu heilen, zu vereinen und einen neuen Blick auf die Welt zu bekommen. Mitgefühl, Liebe und das Bedürfnis, anderen zu helfen – ohne Erwartungen, einfach aus der Freude heraus, sind typische Anzeichen für ein geöffnetes Herzchakra.

Ein gestörtes Herzchakra kann sich in Ablehnung, gefühlter Bedeutungslosigkeit, fehlender Selbstliebe, Aufopferungsbereitschaft, ohne Selbstwahrnehmung, und Kaltherzigkeit ausdrücken. Auch die Unfähigkeit, etwas annehmen zu können, kann auf einen blockierten Energiefluss hinweisen, ebenso wie Manipulation und Besitzdenken.

Unterstützende Nahrungsmittel für das 4. Chakra – Liebe und Mitgefühl:

Grünes Blattgemüse, Broccoli, Brennnessel, Rose, Sprossen, Avocado, dunkelgrünes Gemüse, Zucchini, Basilikum, Petersilie, Grüner Tee, Rosenkohl, Radieschen, Leinöl,

Das 5. Chakra, das Halschakra,

liegt im Hals, auf Höhe des Kehlkopfes. Im Sanskrit heißt es „Visuddha", und ihm wird die Farbe Hellblau/Türkis/Blaugrün zugeordnet. Es ist das Zentrum des Selbstausdrucks, der Kreativität, der Kommunikation, des Zuhörens und der Inspiration. Man kann es als Brücke sehen, zwischen unseren Gedanken, Gefühlen, Impulsen und Reaktionen, die über dieses Chakra harmonisch zum Ausdruck kommen. Es bildet die Verbindung aller Chakren, die alle ebenfalls über dieses Chakra zum Ausdruck kommen, genauso wie sämtliche emotionalen oder mentalen Impulse die in uns sind - zum Beispiel Lachen, Weinen, Ärger, Aggressionen, Liebe, unser Wissen und unsere Ideen. Nicht zuletzt können wir über das Halschakra die Inspiration und die Stimme unserer Seele wahrnehmen - wenn wir genau zuhören. Mit einem gut ausgerichteten Halschakra fällt es uns leicht, unsere gesamte Persönlichkeit zum Ausdruck zu bringen, das heißt, wir sprechen unsere innerste Wahrheit, unsere Gefühle und Gedanken aus, ohne Ängste oder Begrenzungen. Wir kommunizieren klar und deutlich, mit voller und melodischer Stimme und setzen Grenzen, wo sie angebracht sind. Mit Manipulationen und Meinungen anderer Menschen geht ein Mensch mit klarem Halschakra nur in Resonanz, wenn er es bewusst möchte. Die innere Stimme ist der Kapitän, die den Weg vorgibt.

Disbalancen im Halschakra machen es einem schwer, seinem wahren Selbst, seinen Gefühlen, Gedanken und Ideen Ausdruck zu verleihen.

Sie führen dazu, dass die eigenen Wünsche nicht ausgedrückt, die eigene Wahrheit nicht wahrgenommen wird. „Schluckt" man verbale Verletzungen einfach hinunter, deutet das auf die Unfähigkeit hin, zu sich selbst zu stehen. Auch ein ununterbrochener Redefluss kann auf eine Disbalance im Halschakra hinweisen.

Unterstützende Nahrungsmittel für das 5. Chakra – Kommunikation und Inspiration:

Bohnenkraut, Pfefferminze, Salbei, Dill, Lorbeer, Norialgen, Wakame, Honig, Ahornsirup, Malve, kaltgepresste Säfte, Hagebutten, Nori Blätter

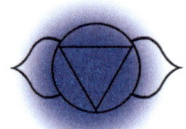

Das Stirnchakra ist das 6. Chakra. Das „dritte Auge" liegt oberhalb der Nasenbrücke im Zentrum der Stirn und wird im Sanskrit „Ajna" genannt. Ihm wird die Farbe Indigo-Blau zugeordnet. Es steht für die bewusste Wahrnehmung, die Intuition, den Sitz unserer mentalen Kräfte, die Gabe zur Visualisierung und die Verständigung mit der eigenen Seele. Es ist eng verbunden mit der Hypophyse, die die Schnittstelle zwischen zentralem Nervensystem und dem Hormonsystem ist. In Verbindung mit dem Herzchakra manifestieren wir mit unserer mentalen Kraft durch das dritte Auge besonders gut.

Ein geöffnetes drittes Auge bzw. Stirnchakra ist ein Indikator für einen fortgeschrittenen Bewusstseinszustand, der sich durch gute Visualisierungsfähigkeiten auszeichnet, durch eine gute bis sehr gute Intuition, Hellsichtigkeit, verstärkte Feinfühligkeit, Hellwissen, Hellhören und Einblicke in andere Dimensionen, die sich beispielsweise durch intensives Träumen ausdrücken.

Störungen im Bereich des Stirnchakras zeigen sich in einem Fokus auf das rein Rationale, nur mit dem Verstand Erklärbare. Eine ganzheitliche Sicht des Lebens fehlt meistens und nur geprüfte wissenschaftliche Methoden werden anerkannt. Überanalysieren, Migräne, Sehschwäche und Kontrollsucht sind kennzeichnend für ein unzureichend geöffnetes Stirnchakra.

Unterstützende Nahrungsmittel für das 6. Chakra – Visualisierung und Intuition:

Fichte, Augentrost, Beifuß, Mango, Papaya, Blaubeeren, Brombeeren, Kakao, Feigen, Pflaumen, Mohn, blaue Weintrauben

Das Kronenchakra ist das 7. Chakra. Im Sanskrit wird es „Sahasrara" genannt und liegt in der Mitte des Kopfes am höchsten Punkt auf dem Scheitel. Die vorherrschende Farbe ist Violett, aber es enthält auch viele Farben des Regenbogens. Dieses Chakra repräsentiert das All-Eins, den Ort, an dem wir uns am meisten zu Hause fühlen, woher wir kommen und wohin wir letztendlich zurückkehren. Es vertritt das Höchste Selbst. Unser persönliches Energiefeld wird eins mit dem Universum – das siebte Chakra ist der direkte Zugang zu den göttlichen Energien und das Tor zur spirituellen Erleuchtung.

Mit einem weit geöffneten Kronenchakra erfahren wir uns mehr und mehr in der Einheit – Bewertung oder Abwertung von Situationen oder Menschen finden nicht mehr statt. Die Trennung im Außen transzendiert sich ins All-Eins-Sein. Das Ego ist transformiert ins universelle Ego, wir haben unser wahres Selbst gefunden. Wir erfahren uns in der größten Leere und gleichzeitig in der größten Fülle. Die göttliche Essenz strahlt in ihrer Glückseligkeit durch uns hindurch.

Durch ein weniger geöffnetes Kronenchakra können uns eher unangenehme Emotionen begleiten wie Angst, Abgeschlagenheit, Trennung, Abschottung von anderen Menschen, Desinteresse, Müdigkeit, Einsamkeit und Selbstzweifeln. Auch eine gefühlte Sinnlosigkeit und der fehlende Glaube an das Göttliche bzw. die universellen Energien sind charakteristisch.

Unterstützende Nahrungsmittel für das 7. Chakra – Einheit und Erleuchtung:

Weihrauch, Wacholder, Aubergine, Salbei, Rotkohl, Rotalgen, Amaranth, schwarze Johannisbeeren, dunkle Kirschen, Pflaumen, Brombeeren, rote Weintrauben, Blumenkohl, Sojasprossen,

Artischocken, Spargel, rote Zwiebeln, dunkle Mungobohnen, Amaranth, Kokosnuss

Wechselwirkung zwischen Lebensmitteln und Chakren

Alles ist Schwingung, das bestätigt auch die Physik. Farben, Licht, Töne, die Zellen des menschlichen Körpers und Lebensmittel bestehen aus Schwingung und schwingen in einer bestimmten Frequenz. Auch unsere Chakren, denen bestimmte Farben zugeordnet sind, schwingen und gehen mit ausgewählten Lebensmitteln in Resonanz. So wird jedes Lebensmittel aufgrund seiner charakteristischen Farbe dem Chakra mit der entsprechenden Farbe und Energie zugeordnet. Lebensmittel wirken ausgleichend, energetisierend, stärkend, reinigend und heilend auf das jeweilige Chakra und die damit verknüpften Organe, Nervenzentren und Drüsen.

Mutter Erde stellt uns alles zur Verfügung, was wir zum Leben brauchen. Auch darin spiegelt sich unsere tiefe Verbindung zu ihr wider. Die ursprünglichen, unverarbeiteten und wenn möglich regionalen Lebensmittel – hauptsächlich Obst und Gemüse – kommunizieren mit uns über ihr Farbspektrum. Wenn wir schon einen guten Zugang zu uns gefunden haben, wissen wir ganz genau, worauf wir Lust haben, wenn wir beispielsweise über einen Wochenmarkt gehen. Die Lebensmittel, die uns intuitiv ansprechen, sind auch die, die uns mit den passenden Nährstoffen und Energien versorgen, die unser Körper und insbesondere unsere Chakren in diesem Moment benötigen, um sie zu stärken, zu versorgen und generell in Harmonie zu

bringen. Grünes Blattgemüse ist optimal für das Herzchakra – roh und leicht gedünstet verzehrt enthält es noch wichtige Nährstoffe wie Magnesium, Eisen, Kalzium und Kalium, die wesentlich für die Herzfunktion sind. Wurzelgemüse kommen aus der Erde und helfen uns, uns durch ihre erdverbundenen Attribute zu erden, das Wurzelchakra zu stimulieren. Rote Beete ist rot, resoniert also mit der Farbe des Wurzelchakras. Das Vitamin C in der roten Beete versorgt das an das Wurzelchakra angeschlossene und überlebensbezogene Organ- und Drüsensystem.

Die Farben der Lebensmittel sind aber nicht allein ausschlaggebend für die Zuordnung zu den Chakren, obwohl sie eine wichtige Rolle spielen. Auch die energetischen Informationen, an welchem Standort sie wachsen, die Nähe zur Erde oder zum Himmel sowie die gesundheitlichen Vorteile spielen eine Rolle. Generell gilt: Ein ausgewogenes Farbspektrum an Lebensmitteln in der Ernährung, kann die Verbindung zwischen Chakren und Körper harmonisieren. Um die oberen drei Chakren zu stimulieren, empfehlen sich Meditation, Fasten und Schweigen. Übrigens: Fleisch stimuliert keines der Chakren.

Die Geschenke

DER WILDKRÄUTER

Schon in meinen 20ern fühlte ich mich zu Wild- und Heilkräutern hingezogen. Ich nahm an Wildkräuterwanderungen teil, tauschte mich mit Kräuterpädagogen aus, entsaftete Gras, mischte Wildkräuter-Smoothies und manchmal aß ich die Kräuter direkt von der Wiese.

Damals war das noch sehr ungewöhnlich, aber ich fühlte eine gewisse Magie und Anziehungskraft, die sich bis heute erhalten hat, durch die ich erstaunliche Erfahrungen machen durfte und die mein Leben sehr bereichern.

Die heilsame Kraft der Kräuter

Kräuter sind unglaublich kraftvoll und heilsam. Die Heilkunst der Kräuter ist viele Tausende Jahre alt und zieht sich durch alle Traditionen und Länder. Die Kräuter sind ein Geschenk von Mutter Natur. Seit jeher wurden sie bei Krankheiten aller Art verwendet - pur, als Tee getrocknet, als Salbe, für Bäder oder als Tinktur. Schamanen und Heiler nutzen ihre Kräfte zum Vertreiben von negativen Energien oder für Rituale aller Art.

*„Gegen jede Krankheit ist ein Kraut gewachsen",
sagte schon der vielzitierte Pfarrer Sebastian Kneipp.*

„In Kräutern steckt die ganze Kraft der Welt – derjenige, der ihre geheimen Fähigkeiten kennt, ist allmächtig." Indische Weisheit

Wenn wir uns wieder mehr den Kräutern zuwenden, bedeutet das gleichzeitig auch eine Hinwendung zu Mutter Erde. Kräuter helfen uns, zu mehr innerer Balance zu finden und Wohlbefinden zu entwickeln. Ich bin auch der Meinung, dass wir durch die Rückverbindung zu den Pflanzen und der

Nutzung unserer Naturapotheke unser Leben qualitativ verbessern und sogar enorm verlängern, uns im besten Fall verjüngen können. Denn Kräuter sind echte vitale Nahrung, sie haben weit mehr gesundheitsfördernde Inhaltsstoffe als unsere üblichen Kulturpflanzen, da sie wild wachsen und sich den Gegebenheiten der Natur anpassen müssen. Deshalb entwickeln sie eine enorme Kraft, und strotzen vor Lebensenergie.

„Du bist, was Du isst."
Ludwig Feuerbach (deutscher Philosoph)

„Lass Nahrung Deine Medizin sein."
Hippocrates

Wildkräuter sind "lebendig"

Alles, was Du isst, wird ein Teil von Dir. Wildkräuter sind „lebendige" Nahrung, das heißt, sie haben einen hohen Anteil von lebenswichtigen Enzymen, die für alle Lebensprozesse im Körper wichtig sind, unter anderem für die Verdauung, unser Immunsystem, die Entgiftung, alle Stoffwechsel- und Regenerationsprozesse. Kochen oder Erhitzen zerstört Enzyme, weshalb Wildkräuter vor allem in rohem Zustand ihre ganze wohltuende Kraft entfalten können. Bei Lebensmitteln die auf mehr als 42 Grad erhitzt werden, sprechen Rohköstler sogar von „toter" Nahrung. Bei Garvorgängen unter 42 Grad gilt ein Lebensmittel noch als Rohkost. Wildkräuter enthalten ein Vielfaches mehr an Vitaminen, Mineralien und Bitterstoffen als Kulturpflanzen - zum Beispiel angebaute Salate -, die essenziell für unseren Körper sind. Genau wie bei rohköstlicher Ernährung konnte ich bei Wildkräutern beobachten: Nicht jeder Organismus verträgt sie und nicht in unbegrenzten Mengen.

Wie im Ayurveda bekannt, hat jeder Mensch ein anderes „Verdauungsfeuer" in sich und deshalb andere Ernährungsbedürfnisse. Deshalb immer erst mit kleinen Portionen austesten, wie Dein Körper darauf reagiert. Und keine Angst: Auch mit gekochter Nahrung kannst Du Deinen Bedarf an Nährstoffen decken, wenn Du Dich vielseitig ernährst und ganz nach Lust und Laune mit Rohkost, Obst und Wildkräutern ergänzt.

Wertvolles Chlorophyll in Wildkräutern

Ein weiterer wertvoller Inhaltsstoff, den Wildkräuter und andere grüne Blattgemüse liefern, ist Chlorophyll. Wie kurz im Kapitel „Mutter Erde" erwähnt, ist Chlorophyll bzw. chlorophyllhaltige Nahrung das Wertvollste, Gesündeste das wir uns zuführen können, da es wie ein Jungbrunnen und auch als Heilmittel wirkt. Chlorophyll ist blutbildend und sorgt für gesundes Blut, das genügend Sauerstoff transportieren kann. Durch genügend Sauerstoff im Blut sind Deine Zellen optimal versorgt und voller Energie. Dadurch haben Krankheitserreger aller Art kaum eine Chance. Wenn Du die Tierwelt betrachtest, ernähren sich sogar die stärksten Tiere von grünen Blättern und Früchten, beispielsweise der Orang-Utan oder Elefanten.

Wildkräuter – woher bekomme ich sie und wie setze ich sie ein?

Wildkräuter zu sammeln ist anfangs gar nicht so einfach und es bedarf einiges an Vorkenntnissen in Sachen Kräuterkunde. Ich habe an einigen Kräuterwanderungen teilgenommen, bei denen ich die wichtigsten Wildpflanzen kennenlernen durfte. Vielleicht schaust Du im Internet oder auf einem Wochenmarkt in Deiner Nähe, ob Du, Wildkräuter bestellen kannst. So kannst Du gleich mit der Wildkräuter-Ernährung starten. Ich bin sehr dankbar, dass ich einen wundervollen Menschen auf dem Bio-Wochenmarkt in Hamburg-Altona kennengelernt habe, der mich jedes Frühjahr und bis in den Sommer hinein mit der gesamten Vielfalt an saisonalen Wildkräutern aus eigener Ernte versorgt.

Hier ein paar Tipps für den Einstieg:

1. Pflücke nur, was Du wirklich kennst. Wenn Du Dir unsicher bist, lass es lieber stehen.

2. Meide Pflanzen, die am Weges- oder Straßenrand wachsen, da sie häufig durch Abgase, Hundekot oder Abfälle verunreinigt sind.

3. Schneide die Pflanzen deutlich oberhalb des Bodens ab, um die Gefahr der Kontamination durch Parasiteneier zu vermindern.

4. Lege die Blätter möglichst einzeln für einige Minuten ins Waschbecken oder wasche sie mehrmals gründlich, am besten liegend unterm Wasserstrahl.

5. Im Kühlschrank halten sich Wildkräuter 3 bis 10 Tage. Am besten wickelst Du sie entweder in feuchtes Küchenpapier oder bewahrst sie direkt in einem Plastikbeutel auf.

6. Am Anfang können Wildkräuter bitter schmecken und den Stoffwechsel ordentlich in Schwung bringen. Fange deshalb mit wenigen Blättern an und steigere die Menge langsam.

7. Auch Bestimmungsbücher zum Thema Wildkräuter können eine wertvolle Unterstützung sein.

Auf den folgenden Seiten stelle ich Dir die verbreitetsten und am einfachsten zu erkennenden Wildkräuter kurz vor. Vielleicht wachsen davon einige in Deinem Garten oder in Deiner näheren Umgebung. Geh raus in die Natur, entdecke die Fülle, die Dich umgibt, und wie viel heilsame Nahrung Mutter Natur uns zur Verfügung stellt.

Mich erfüllt jedes Mal intensive Dankbarkeit, wenn ich diese Fülle an essbaren Wildpflanzen im Frühjahr sehe. Für die Bärlauchzeit habe ich ein Ritual entwickelt – es eignet sich auch für andere Pflanzen, dann einfach den entsprechenden Namen anstelle von Bärlauch setzen:

1. Ich bin dankbar, dass ich diese Wiese mit dem Bärlauch gefunden habe.

2. Ich verbinde mich mit meinem Herzen und segne den Bärlauch.

3. Ich frage, ob ich ihn pflücken darf und während ich ihn pflücke sage ich „DANKE".

4. Wenn ich fertig bin, segne ich die gesamte Fläche, auf der ich den Bärlauch gefunden habe und sage: „Mögest Du auch nächstes Jahr in voller Pracht blühen. Danke, danke, danke."

Vielleicht inspiriert es auch Dich, Deine Wildkräuter oder Obst und Gemüse auf diese Art zu ernten. Es ist definitiv eine heilsame Erfahrung, das Ritual selbst auszuprobieren und sich dadurch mit Mutter Natur zu verbinden.

Welche Wildkräuter wachsen in Deinem Garten?

Es heißt, die Wildkräuter, die in Deinem Garten wachsen, sind genau die, die Dein Körper gerade braucht. Deine ureigene Schwingung verbindet sich an dem Ort, wo Du wohnst, mit der von Mutter Erde. Deine Schwingungen gehen in Resonanz mit unserer liebevollen Mutter und sie stellt genau die richtigen Heilpflanzen zur Verfügung. Was für ein Wunder!

Löwenzahn:

Löwenzahn ist fast ganzjährig verfügbar, von Februar bis Dezember. Er schmeckt bitter, genau diese Bitterstoffe sind besonders gut für Leber, Galle, Magen, Darm und Bauchspeicheldrüse, wirken entgiftend und entschlackend. Im Vergleich zum Kopfsalat enthält Löwenzahn das Achtfache an Vitamin C, das Fünffache an Eiweiß, doppelt so viel Magnesium und Kalium.

Er wirkt basisch im Körper, stimuliert die Verdauungstätigkeit, sorgt für eine gesunde Darmflora und hilft bei Krankheiten wie Gicht, Über- und Untergewicht sowie Diabetes.

Verbinden wir uns energetisch mit der Pflanzenseele des Löwenzahns, ermutigt sie uns, zu schauen, wo wir uns von seelischem Gepäck befreien können, wo wir festsitzende Emotionen loslassen können.

Brennnessel:

Die Brennnessel ist von April bis Oktober in Mitteleuropa verfügbar. Ich nenne sie auch die Königin der Heilpflanzen, denn sie punktet mit Mineralstoffen und Spurenelementen wie Eisen, Kalzium, Magnesium, Kalium, Phosphor und Silizium. Verglichen mit einem Kopfsalat enthält sie das 50-fache an Magnesium, das 40-fache an Kalium und das 50-fache an Eisen. Dazu enthält sie einen beachtlichen Anteil von Vitaminen wie Vitamin C, Vitamin K, Vitamin B5 und B2, Provitamin A und Carotinoiden. Zudem trumpft sie mit Mangan, Kieselsäure und Aminosäuren auf. Da sie eine harntreibende Wirkung hat, hilft sie bei Gicht, rheumatischen Beschwerden, Verdauungs- und Nierenleiden. Brennnessel unterstützt ebenfalls die Entgiftung und wirkt blutreinigend. Die Brennnesselsamen wirken positiv auf Haut und Haare, gegen Haarausfall und werden bei Impotenz und Unfruchtbarkeit eingesetzt.

Beim Pflücken der Brennnessel empfiehlt es sich, Handschuhe zu tragen und sie mit einem Messer oder einer Schere zu ernten. Danach gut waschen und im Standmixer zu einem Smoothie oder zu einer Smoothie-Bowl verarbeiten. Du kannst die Blätter auch mit einem Nudelholz platt rollen – dann brennen sie nicht mehr – und diese im Salat genießen. Auf energetischer Ebene schützt die Brennnessel auch vor unliebsamen Energien und bietet Schutz für Haus, Hof und uns Menschen, wenn man mit ihr räuchert oder sie aufhängt.

Bärlauch:

Bärlauch findet man in großen Teilen Europas und in Teilen von Asien. Er beglückt uns von März bis Anfang Mai und hat einen leicht knoblauchartigen Geruch. Daher wird er auch „wilder Knoblauch" genannt. Bär-lauch kommt vom Wort „Bär", da der Bär nach dem Winterschlaf durch ihn wieder zu Bärenkräften kommt. Auch ich bin der Meinung, dass ich meine Frühjahrsmüdigkeit inzwischen jedes Jahr durch den Bärlauch abmildern kann. Bärlauch ist ebenfalls sehr reich an Vitaminen und Mineralstoffen wie Vitamin C - dreimal mehr als Orangen -, Vitamin A, B6, B1, Kalium, Mangan, Magnesium, Eisen, Calcium und Phosphor.

Bärlauch wird zur Ausleitung von Schwermetallen und Giftstoffen empfohlen und wirkt blutdrucksenkend, da er die Fließeigenschaften des Blutes verbessert und leicht blutverdünnend ist. Auch bei Arterienverkalkung konnten Verbesserungen beobachtet werden.

Achtung: Der Bärlauch ist leicht mit giftigen Maiglöckchen, der Herbstzeitlosen oder dem Aronstab zu verwechseln. Daher empfehle ich, Bärlauch lieber auf dem Wochenmarkt zu kaufen, oder sich vorher gründlich zu informieren.

Spitzwegerich:

Der Spitzwegerich ist von März bis November verfügbar. Er wirkt unscheinbar, aber auf seelischer Ebene sorgt er für emotionale Stärke und erhebliche Widerstandskraft. Der Saft seiner seiner frischen Blätter hilft sehr gut bei Insektenstichen, Wunden, Verbrennungen, Hautentzündungen und Schwellungen, und kann auch beim Spaziergang wunderbar

auf die betroffenen Stellen gerieben werden. Im Smoothie oder im Salat verarbeitet, hat er einen leicht pilzähnlichen Geschmack und wirkt entzündungshemmend im gesamten Mundraum, also Zahnfleisch und Rachen sowie in den Atemwegen, im Magen, Darm und in den Harnwegen. Die Wegericharten sind sehr resistent gegen Umwelteinflüsse und wachsen meist an unwegsamen Plätzen auf steinigen Untergründen. Dies ist ein Hinweis darauf, dass er auch unsere Widerstandskraft unterstützt, indem er unser Immunsystem stärkt.

Gänseblümchen:

Gänseblümchen sind von Januar bis November auf Wiesen und Weiden zu finden. Sie stehen für kindliche Unschuld, Bescheidenheit und Reinheit. Bemerkenswert ist, dass sie bei Sonnenaufgang ihre Blütenblätter öffnen und sie beim Sonnenuntergang langsam wieder schließen.

Gänseblümchen sind nicht nur ein schöner Hingucker im Wildkräutersalat - sie sind auch eine bekömmliche und ideale Smoothie-Zutat, da man alle Teile verzehren kann, also Blüte, Stängel und Blätter. Sie helfen bei Entzündungen der Harn- und Atemwege und reinigen das Blut.

Sie enthalten viel Vitamin C, Magnesium, Eisen sowie Bitterstoffe und Flavonoide. Ich liebe die kleinen Blümchen, da sie jedes Gericht noch schöner aussehen lassen und sich auf auf unsere eigene Schönheit auswirken, indem sie beispielsweise die Haut reinigen.

1) Löwenzahn. 2) Wermut. 3) Schafgarbe. 4) Baldrian. 5) Waldmeister.
6) Isländische Flechte. 7) Bärentraube. 8) Spitzwegerich.

Deutscher Hausschatz der Heilkunde. Tbdg.

Frühstück

Optimalerweise starte ich ohne Handy in den Tag. Direkt nach dem Aufstehen kurz warm und anschließend kalt zu duschen, stärkt das Immunsystem, sorgt für ein straffes Bindegewebe, einen guten Stoffwechsel und Klarheit. Trockenbürsten hat sich für mich sehr bewährt, da es die Lymphe aktiviert.

Danach setze ich meine Intentionen für den Tag, meditiere 20 Minuten und schreibe auf, wofür ich dankbar bin. 20 Minuten Yoga aktivieren meine Wirbelsäule und meinen gesamten Körper, und ich verbinde mich gleich morgens bewusst mit meinem Atem. Nach dieser Morgenroutine freue ich mich auf das Frühstück.

Frühstück heißt auf Englisch „Breakfast", was von „break the fast" kommt, also das „Fasten brechen" nach der langen Essenspause in der Nacht. Da unser Körper morgens erst langsam wieder aufwacht, empfiehlt es sich nach der Traditionellen Chinesischen Medizin, zwischen 7 und 9 Uhr zu frühstücken. Zu dieser Uhrzeit ist laut Organuhr unser Magen am aktivsten und kann die Nahrung am optimalsten verwerten. Gleichzeitig kommt der Stoffwechsel in Schwung.

Aus eigener Erfahrung weiß ich, dass der Stoffwechsel mit einem Frühstück zur passenden Zeit den ganzen Tag deutlich aktiver ist.

Vor dem Essen ist es ratsam, ein Glas lauwarmes, gereinigtes und gefiltertes Wasser zu trinken – laut der Ayurveda-Lehre kann der Körper so Toxine, die sich in der Nacht in den Zellen angesammelt haben, ausschwemmen. Zudem regt das warme Wasser die Verdauung an.

Danach ist der Kurkuma-Orangen-Zitronen-Shot auf der nächsten Seite sowie der Aloe Vera-Zitronen-Drink von Seite 49 optimal, da Zitrone oder Zitronensaft, auf leeren Magen getrunken, im Körper basisch wirken.

Nach dem Drink ist es sinnvoll, mit leichter Kost in den Tag zu starten, die idealerweise bereits Körpertemperatur hat, also nichts Gekühltes oder nur leicht Erhitztes. So verbraucht der Körper beim Verdauen weniger Energie. Im Sommer esse ich daher viel Obst, Wassermelone, Kirschen, Smoothies und Smoothie-Bowls – auch wegen des hohen Wassergehalts in den Früchten, der sich äußerst positiv auf unseren Wasserhaushalt auswirkt und uns von innen hydriert. Dazu habe ich eine Auswahl an Smoothie-Bowls und Smoothies zusammengestellt. Für die kältere Jahreszeit eignen sich Hirse- und Haferbrei. Aber auch die Matcha-Pancakes, Waffeln oder der French Toast sind ein superleckerer und gesunder Start in den Tag. Schwere Kohlenhydrate, gesättigte oder qualitativ schlecht Fette sowie Eiweiße solltest Du vermeiden, da sie die Leber belasten.

Startest Du bewusst in den Tag, tust Du Dir etwas Gutes für Körper, Geist und Seele und bist sofort ganz mit Dir verbunden.

Sorgen lösen, die Kreativität wecken

Kurkuma–Orangen–

ZITRONEN-SHOT

Für 2 Personen,
Dauer ca. 6 Minuten

1 Orange
½ Zitrone
1–2 kleine Kurkumastücke
1 Prise Pfeffer
300 ml Apfelsaft oder Wasser
extra: 1 kleines Ingwerstück

Kurkuma ist eine Powerwurzel, die im Körper antientzündlich, entgiftend und antioxidativ wirkt und seit Tausenden von Jahren in vielen Kulturen genutzt wird. Sie kann sich auf viele Organe positiv auswirken, beispielsweise auf Darm, Leber, Galle, Niere, Zähne, Augen und das Herz und ist somit eine wahre Wunderknolle, die eine Vielzahl von Krankheiten vorbeugen kann.

Für den Shot

Entferne die Schale der Orange und der halben Zitrone und wasche die Kurkumawurzel. Entferne alle dunklen Stellen der Kurkumawurzel mit einem Messer.

Mixe alles zusammen mit einer Prise Pfeffer und 300 ml Apfelsaft oder Wasser im Hochleistungsmixer. Kurkuma färbt ab – am besten, Du nimmst zum Mixen immer denselben Behälter oder nutzt einen Edelstahl-Mixbehälter, der die Farbe nicht annimmt.

TIPP

Für einen extra Immunbooster, füge ein kleines Stück Ingwer hinzu – je nachdem wie scharf Du Deinen Shot genießen möchtest.

ARIGA

Durchbruch, Verwirklichung

Aloe Vera-
ZITRONEN-DRINK

**Für 2 Personen,
Dauer ca. 7 Minuten**

ca. 5 cm Aloe Vera-Blattgel
3 TL Kokosblütenzucker
1 Zitrone

Dieser Aloe Vera-Zitronen-Drink ist perfekt für Dein erstes Morgenritual. Zitrone auf nüchternen Magen macht den Körper basisch, und unterstützt in Kombination mit Aloe Vera Dein gesamtes Verdauungssystem und sorgt für Schönheit von Innen. Außerdem schützen die Schleimstoffe der Aloe Vera Deine Schleimhäute, insbesondere im Darm, der Lunge und im Intimbereich und bauen sie ebenfalls auf.

Für den Drink

Nimm ein scharfes Messer und filetiere das Blattgel. Mixe das Blattgel in einem Hochleistungsmixer, den Kokosblütenzucker und die Zitrone ohne Schale.

TIPP

Wenn Du noch nie frisches Aloe Vera-Blattgel zu Dir genommen hast, fange mit einem kleineren Stück an und steigere die Menge langsam. Doch überdosiere nicht: Ich würde nicht mehr als 5 cm Blattgel pro Drink für 2 Personen empfehlen.

SINDAL

Klarheit, Verjüngung

Berry Bowl

**Für 2 Personen,
Dauer ca. 8 Minuten**

Für die Mandelmilch

2 EL Mandelmus

3–4 Datteln

etwas Zimt und Vanille

400 ml Wasser

Für die Bowl

250 ml Mandelmilch oder eine
andere Pflanzenmilch

1 EL Gojibeeren, getrocknet

3 EL wilde Heidelbeeren

ca. 10 Himbeeren

2 EL Granatapfelkerne

2 EL Aroniabeeren, getrocknet

Für das Topping

Maulbeeren, Himbeeren, Gojibeeren, Granatapfelkerne,
Kokosraspeln, essbare Blüten

MEGAMIN

*Diese Smoothie-Bowl ist ein echtes Powerfood mit Schönheits-
garantie – für Körper, Geist und Seele. Die wichtigsten Gesundheits-
beeren sind in dieser Bowl: Die Gojibeere vereint beinahe alle essenziellen Nähr- und Vitalstoffe in einer einmaligen Kombination.
Die Heidelbeere hat einen positiven Einfluss bei Entzündungen und
Herz-Kreislauf-Erkrankungen. Himbeere und Aroniabeere schützen
die Zellen und stärken das Immunsystem, und die Granatapfelkerne
verlangsamen – wie alle anderen Beeren auch – den Alterungsprozess.*

Für die Mandelmilch

Gib das Mandelmus, die Datteln, Zimt und die Vanille zusammen
mit dem Wasser in den Hochleistungsmixer. Mixe alles auf dem
Nussmilchprogramm oder auf höchster Stufe.

Für die Bowl

Wasche alle Beeren gut ab. Mixe sie im Hochleistungsmixer zusammen
mit 250 ml Deiner selbst hergestellten oder gekauften Pflanzenmilch.

Für das Topping

Teile den Inhalt des Mixbehälters auf zwei Schüsseln auf. Toppe sie
mit Maulbeeren, Himbeeren, Gojibeeren, Granatapfelkernen, Kokosraspeln und essbaren Blüten.

TIPP

Du kannst auch ein oder zwei Beerensorten weglassen, falls sie gerade keine Saison haben. Oder Du greifst auf gefrorene Beeren zurück.
Um die Kokosraspeln blau zu färben, habe ich ½ TL blaue Spirulina
in Wasser aufgelöst, die Kokosraspeln darin eingelegt und
danach im Dehydrator getrocknet.

Partnerschaft

Green Avocado-
SMOOTHIE-BOWL

**Für 2 Personen,
Dauer ca. 7 Minuten**

Für die Bowl

½ Avocado

2 Goldkiwis

1 Handvoll Ananas,
  frisch oder getrocknet

1 Handvoll frischer Spinat

1 Handvoll Zitronenmelisse

300 ml Wasser

Für das Topping

Himbeeren, Brombeeren,
Maulbeeren, Chia- und
Hanfsamen

Ananas enthält wichtige Enzyme, sekundäre Pflanzenstoffe und Vitamine, die an vielen Stoffwechselprozessen im Körper beteiligt sind. Die Goldkiwi punktet mit ihrem hohen Vitamin C-Gehalt und verbessert die Aufnahme des im Spinat enthaltenen Eisens. Die Avocado sorgt für die Cremigkeit und die nötigen Ballaststoffe. Getoppt wird diese Smoothie-Bowl mit gesunden Him-, Maul- und Brombeeren sowie Chiasamen, mit denen Du rundum gut versorgt und vital in den Tag startest.

Für die Bowl

Halbiere die Avocado, entferne das Fruchtleisch mit einem Löffel aus der Schale und gib es in den Mixbehälter. Halbiere die Kiwis und gib das Fruchtfleisch ebenfalls in den Mixbehälter. Nimm eine Handvoll getrocknete oder frische Ananas – entferne zuerst die Schale und den harten Stamm, und gib sie ebenfalls in den Mixbehälter, zusammen mit dem Spinat, der Zitronenmelisse und dem Wasser. Mixe alles auf höchster Stufe, bis eine schön cremige Konsistenz entsteht.

Für das Topping

Serviere alles in einer Schale und toppe es mit Himbeeren, Brombeeren, Chia- und Hanfsamen.

TIPP

Du kannst die getrocknete Ananas auch gegen frische ersetzen. Mit getrockneter Ananas schmeckt die Bowl etwas süßer.

KOB

Seelische Reifung

Wassermelone–
ZITRONENMELISSEN-GAZPACHO

**Für 2 Personen,
Dauer ca. 5 Minuten**

1 halbe Wassermelone
10 Blätter Zitronenmelisse

Wassermelone ist eine wahre Wunderwaffe, wenn es um die Nieren- gesundheit und den Wasserhaushalt geht, denn sie besteht zu 95 % aus reinem, gefiltertem Wasser. In Kombination mit Zitronenmelisse schmeckt die Gazpacho leicht zitronig und wirkt zudem noch antivi- ral. Durch die enthaltenen Lycopine fängt es freie Radikale, die Vita- mine A, C und Kalium versorgen Dich mit wichtigen Vitaminen.

Für das Gazpacho

Höhle die halbe Wassermelone mit einem großen Löffel aus. Mit ei- nem Eisportionierer geht das ganz einfach. Wasche die Zitronenme- lisse und gib sie mit dem Fruchtfleisch der Wassermelone in einen Hochleistungsmixer. Serviere die Gazpacho in der Melonenhälfte, die Du ausgehöhlt hast.

TIPP

Genieße diese Gazpacho am besten vormittags, nicht gemischt mit anderem Essen oder Smoothies, da es sonst zu Gärungen in Darm und Magen kommen kann.

AQUAM

Innere Ruhe

Wildkräuter-Smoothie-
BOWL

Für 2 Personen, Dauer ca. 10 Minuten

Diese Wildkräuter-Smoothie-Bowl ist vollgepackt mit allem, was Dein Körper braucht. Kaum ein Vitamin, Mineral, Enzym oder Antioxidans, das Dir die Wildkräuter und Früchte in diesem Gericht nicht liefern. Verjünge Dich mit lebendiger Nahrung, die so voller Prana, also Lebenskraft und vitaler Energie steckt. Und natürlich auch Genuss.

Für die Bowl

½ Handvoll Wildkräuter

½ Mango, frisch oder gefroren

¼ Handvoll getrocknete Ananas

1 Stiel frische Minze oder Zitronenmelisse oder ein Schuss Zitrone

300 ml Wasser

Für das Topping

Erdbeeren

Himbeeren

Blaubeeren

Kokoschips

Hanfsamen

Rohe Kakaonibs

Frische Minze

Für die Bowl

Wasche alle Zutaten gut ab. Gib alles in einen Hochleistungsmixer und mixe es auf höchster Stufe oder auf dem „Grüne Smoothie"-Programm für ca. 1 Minute gut durch.

Für das Topping

Serviere alles in einer Schale und toppe es mit Deinen Erd-, Him- und Blaubeeren sowie mit Kakaonibs, Kokoschips, Hanfsamen und frischer Minze. Genieße die volle Power.

TIPP

Durch Löffeln der Bowl und gründliches Kauen der Früchte, wird Dein Essen besser verdaulich, da alles schön eingespeichelt wird und die Verdauung schon im Mund beginnt.

MERZ

Freie Fahrt, Energie, Harmonie

Pink Pitaya-

KOKOSMILCH

**Für 2 Personen,
Dauer ca. 5 Minuten**

Für die Kokosmilch

1 Packung Bio-Kokosmilch
(330 ml)

3 EL Kokosmus

1 Handvoll getrocknete
Pink Pitaya

2 Datteln

Wasser (optional)

Für die vegane Sahne

2 große EL Soyana Bio-
Mandel-Schlagcreme

1 Prise Vanillepulver

1–2 TL Ahornsirup

Pink Pitaya hat zellregenerierende Eigenschaften, die besonders in der Leber zum Einsatz kommen und verjüngend wirken. Denn die Leber bestimmt unter anderem, wie schnell wir altern oder uns verjüngen. Diese Kokosmilch ist nicht nur ein leckerer Drink für Erwachsene – auch Kinder sind verrückt danach.

Für die Kokosmilch

Gib alle Zutaten für die Kokosmilch in einen Hochleistungsmixer und mixe sie gut durch. Sollte es zu dickflüssig sein, kannst Du noch etwas Wasser dazugeben, bis die Konsistenz für Dich stimmt.

Für die vegane Sahne

Gib die Soyana Bio-Mandel-Schlagcreme, Vanillepulver und 1–2 TL Ahornsirup in eine kleine Schüssel oder Tasse. Dosiere die Menge nach Deinem Geschmack – je nachdem wie süß Du es magst. Verrühre alles mit einem Löffel.

Für das Topping

Gib die Pink Pitaya-Kokosmilch in ein schönes Glas und toppe es mit Deiner selbstgemachten Sahne, Pink Pitaya Pulver und einer getrockneten Pink Pitaya. Fertig!

TIPP

Pink Pitaya heißt auch Drachenfrucht. Du kannst sie online kaufen – gefroren, als Pulver oder getrocknet.

FEROON

Friede, Urvertrauen

Matcha Latte

HOT & ICED

Für 2–3 Personen, Dauer ca. 4 Minuten

2 gestrichene TL Matcha

400 ml pflanzliche Milch

4 kleine Datteln

1 Prise Zimt

1 Msp. Vanille, gemahlen

100 ml heißes oder
 kaltes Wasser

Eiswürfel

Matcha ist ein pulverisierter Grüntee, der speziell angebaut und verarbeitet wird. Er kann Deinen Morgenkaffee ersetzen und punktet mit Antioxidantien, Chlorophyll und den Vitaminen K, C, E, B1, B2, B3, Betacarotin, sowie Calcium und Kalium. Im Sommer schmeckt er besonders gut als Iced Latte und in den kälteren Jahreszeiten ist er lecker als Hot Matcha Latte. Du kannst ihn – nur mit Wasser – auch pur genießen, dazu schlägst Du ihn mit einem Matcha-Besen auf.

Für den Matcha Latte

Mixe alle Zutaten im Hochleistungsmixer. Für den Iced Matcha Latte nimmst Du einfach kaltes, statt heißes Wasser und fügst am Ende Eiswürfel hinzu. Den heißen Matcha Latte in einer Tasse mit Milchschaum und etwas Zimt toppen, den kalten Latte in einem Glas servieren.

TIPP

Matcha regt Deinen Kreislauf und Stoffwechsel an und kann sich somit positiv auf die Fettverbrennung und Deine Verdauung auswirken. Am besten schmeckt und wirkt er morgens bzw. vormittags. Gegen Abend empfehle ich ihn nicht, da Du aufgrund des Koffeingehalts vielleicht Einschlafschwierigkeiten bekommen könntest.

RUN

Angstbefreiung

French Toast mit

JOGHURT & HEIDELBEEREN

Für 2 Personen, Dauer ca. 12 Minuten

Für die Toasts

4 EL Kichererbsenmehl

150 ml pflanzliche Milch

1,5 EL Ahornsirup

1 Msp. Vanille

4 Scheiben Toast

vegane Butter (Alsan)

Für das Topping

125 ml Kokosjoghurt

Kokosflakes

Ahornsirup (optional)

4 EL gefrorene Wildheidelbeeren

Zitronenmelisse

Gleich am Morgen einen leckereren Toast mal auf andere Art und Weise genießen: Dieser French Toast überzeugt mit gesundem, eiweißhaltigem Kichererbsenmehl und Wildheidelbeeren, die freie Radikale neutralisieren. Der Kokosjoghurt versorgt Dich mit Kalium und wirkt sich positiv auf die Darmflora aus.

Für die Toasts

Vermenge in einer Schale das Kichererbsenmehl mit der Milch, dem Ahornsirup und der Vanille. Lege den Toast ein paar Sekunden lang in diese Mischung, damit er sich damit vollsaugen kann. Dann drehe ihn vorsichtig um. Erhitze die Butter in der Pfanne und gib die Toasts dazu. Lass sie von beiden Seiten goldbraun werden.

Für das Topping

Rühre den Kokosjoghurt gut durch und gib ihn über die Toasts. Toppe alles mit Heidelbeeren, Zitronenmelisse und Kokosflakes.

TIPP

Ich empfehle Dinkeltoast, da er „gesünderes" Gluten enthält. Du kannst aber auch gerne einen komplett glutenfreien Toast nehmen.

MANALI

Umkehr

Hafer-Kürbis-Waffeln
MIT ERDBEEREN

**Für 2 Personen,
ca. 8 Waffeln,
Dauer ca. 35–40 Minuten**

Für die Waffeln

80 g Hafer, ganz

½ Kürbis, roh oder gedünstet

300 ml pflanzliche Milch

1 TL Backpulver, ¼ TL Natron

50 g Tapiokastärke

150 g Apfel-Bananen Mark
  oder Apfelmus

1 Msp. Vanille

1–2 Msp. Zimt

etwas Kokosfett

Für das Topping

Vegane Sahne (s. Seite. 58,
  163 od. 165)

Erdbeeren, Kakaopulver,
Zimt, Vanille

LASTEX

Wusstest Du, dass Du Kürbis auch roh zu leckeren Waffeln verarbeiten kannst? Alles, was Du brauchst, ist ein Hochleistungsmixer. Kürbis ist ein absolutes Vitalstoffwunder mit vielen Vitaminen, wie Betacarotin, B-Vitaminen und Kalium. Damit hilft er Dir, gestärkt durch die kalte Jahreszeit zu kommen, indem er Dein Immunsystem stabilisiert und Dich mit seinen Antioxidantien vor vielen Krankheiten schützen kann.

Für die Waffeln

Gib die Haferkörner in den Mixbehälter und verarbeite sie zu Mehl. Stelle das Mehl beiseite und schneide den Kürbis in kleinere Stücke. Gib die Stücke zusammen mit der Pflanzenmilch in den leeren Mixbehälter und mixe alles gut durch.

Gib nun alle anderen Zutaten hinzu und vermenge alles auf niedriger Stufe. Steigere die Geschwindigkeit langsam, bis sich alle Zutaten gut vermischt haben. Schau, dass der Teig nicht zu flüssig ist, ansonsten gib etwas Hafermehl dazu. Fette das Waffeleisen mit etwas Kokosfett ein und gib die Masse in kleinen Mengen ins Waffeleisen. Jede Seite braucht ca. 3–5 Minuten, je nach Waffeleisen.

Für das Topping

Stelle eine vegane Sahne Deiner Wahl her. Toppe die Waffeln damit sowie mit Erdbeeren, Zimt, Kakaopulver und etwas Vanille.

TIPP

Wenn Du Hafer nicht verträgst, kannst Du ihn auch mit Bananenmehl, Buchweizenmehl oder Mandelmehl tauschen. Wenn Dein Mixer den rohen Kürbis nicht verarbeiten kann, kannst Du ihn vorher dünsten oder weich kochen.

Horizonterweiterung

Matcha–Pancakes
MIT BANANEN & ERDBEEREN

**Für 2–3 Personen,
Dauer ca. 30 Minuten**

Für die Pancakes
200 g Hafer, ganz

2 Bananen

1,5 TL Backpulver

180 ml pflanzliche Milch

2 TL Ahornsirup

¼ TL Vanillepulver

1 Prise Salz

2 TL Matcha

2 TL Kokosöl

Für das Topping
1 Banane, Erdbeeren

Rohe Kakaonibs

Soyana Bio-Mandel-Schlagcreme

KLON

Ich liebe Matcha einfach, deshalb habe ich diese Matcha Pancakes entwickelt. Sie sind superschnell zusammengemischt, die Bananen ersetzen Eier und versorgen Euch mit extra Kalium und Vitamin B3. Da wir das ganze Haferkorn frisch im Mixer schroten, sind die Nährstoffe besser bioverfügbar und Ihr seid u. a. optimal mit Biotin, Zink, Magnesium und Eisen versorgt.

Für die Pancakes

Gib die Haferkörner in den Hochleistungsmixer und mixe ihn zu Schrot. Gib die Bananen dazu, das Backpulver, die Pflanzenmlich, den Ahornsirup, das Vanillepulver und eine Prise Salz sowie den Matcha. Mixe alles gut durch, bis Du eine homogene Masse hast.

Gib das Kokosöl in eine Pfanne und erhitze sie auf höchster Stufe, drehe die Hitze nach einigen Minuten etwas runter. Gib jeweils einen kleinen Klecks der Masse in die Pfannenmitte und wende den Pancake zwischendurch.

Für das Topping

Toppe die Pancakes mit geschnittener Banane, Erdbeeren und Kakaonibs sowie mit veganer Schlagcreme.

TIPP

Wenn Du keinen Hafer verträgst, kannst Du den Hafer auch gegen anderes Mehl Deiner Wahl tauschen. Eine andere supergesunde Alternative ist Bananenmehl. Wenn Du keinen Matcha magst, lasse ihn entweder einfach weg oder ersetze ihn durch Blue Spirulina.

Die Verbindung

Amaranth-Spirulina-
CUP MIT FEIGEN

Für 2 Personen,
Dauer ca. 15 Minuten

100 g gepuffter Amaranth
½ Becher pflanzlicher Joghurt
1 Prise gemahlene Vanille
2 große gefrorene Bananen
Spirulinapulver oder -tabletten
100 ml Kokosmilch oder eine
  andere pflanzliche Milch
2–3 Feigen
frische Minze (optional)
essbare Blütenblätter (optional)

Amaranth ist das Powerkorn, wenn es darum geht, morgens gut aus dem Bett zu kommen. Es wirkt nicht nur Erschöpfung entgegen, und versorgt Dich unter anderem mit viel Eiweiß, Eisen und Magnesium. In Kombination mit Spirulina, Feigen, pflanzlichem Joghurt und Bananen gibt es Dir den Kick für den Tag. Spirulina wirkt zudem Infekten entgegen, stärkt Dein Immunsystem, wirkt entzündungshemmend und liefert große Mengen an Chlorophyll.

Für den Cup

Gib den gepufften Amaranth und den Joghurt mit der Prise Vanille in eine Schale und vermenge alles mit einem Löffel.

Mixe dann die gefrorene Banane mit dem Spirulinapulver oder den Spirulinatabletten, die Du vorher im Mixer pulverisiert hast, gemeinsam mit der Kokosmilch zu Spirulina-Eis.

Schichte alles in ein Glas: Fange mit der Amaranthmischung an, dann die geviertelten Feigen, das Spirulina-Eis, Amaranth usw., bis Dein Glas voll ist. Mit Feigen, frischer Minze und essbaren Blütenblättern toppen.

TIPP

Da der Cup leicht kühlend wirkt, ist dieses Frühstück perfekt fürs Frühjahr und den Sommer.

LUUM

Harmonie

Hirsebrei
MIT RHABARBER-ROSEN-ERDBEER-TOPPING

**Für 2 Personen,
Dauer ca. 15–20 Minuten**

Für den Brei

100 g Hirseflocken

200 ml pflanzliche Milch

1 Schuss Ahornsirup

Vanillepulver

2 Stangen Rhabarber

80 g Kokosblütenzucker

150 g gefrorene Erdbeeren

¼ TL Rosenpulver (essbar)

Zimtpulver, Orangenschale

Kardamonpulver (optional)

Anispulver (optional)

Pimentpulver (optional)

Für das Topping

Erdbeeren, frisch, Rosenblätter
(essbar), Granola (optional)

HONSCHU

Ein supergesundes Frühstück, das Dein Herzchakra öffnet, Dich mit dem Spirit der Rose verbindet und Dich darüber hinaus in der Herzgesundheit unterstützt. Gleichzeitig versorgt es Dich mit wichtigen Mineralien und Antioxidantien. Ein Frühstück für Liebende und die Selbstliebe.

Für den Brei

Wasche die Hirseflocken. Gib sie mit der pflanzlichen Milch, etwas Ahornsirup und Vanillepulver in einen Topf, koche alles auf mittlerer Stufe für ca. 8–10 Minuten.

Wasche den Rhabarber und schneide ihn in 2–3 cm große Stücke. Gib die Stücke zusammen mit dem Kokosblütenzucker, den gefrorenen Erdbeeren und etwas Wasser in eine Pfanne. Sobald der Rhabarber weich und das Wasser verkocht ist, füge die restlichen Gewürze hinzu, inklusive des Rosenpulvers. Rühre sie sanft ein. Dann kannst Du alles in einer Schale servieren.

Für das Topping

Halbiere die Erdbeeren und verteile sie mit den essbaren Rosenblättern liebevoll über die Schalen.

TIPP

Wenn keine Rhabarbersaison ist, kannst Du gefrorenen Rhabarber kaufen. Oder Du ersetzt ihn mit einer Beerenmischung, in der bereits Erdbeeren enthalten sind.

Starter, Basics & Snacks

Leckere Dips passen zu fast allem – besonders der Klassiker Hummus lässt sich wunderbar mit rohem Brokkoli dippen, zum Beispiel für unterwegs oder beim Picknick. Der Avocado-Kräuter-Dip schmeckt optimal zu gekochten Kartoffeln, gerade wenns mal schnell gehen soll, beispielsweise zu Mittag.

Die Artischocke mit Leinsamendip ist eins meiner absoluten Lieblingsgerichte, das ich manchmal sogar mehrere Tage hintereinander esse, weil es so großartig lecker und gesund ist. Der Dip ist zudem ölfrei und ein Grundrezept, welches Du ganz einfach mit anderen Kräutern Deiner Wahl kombinieren kannst. Kräuter sind für mich eine Quelle der Jugend. Ich liebe sie wegen ihres Geschmacks, ihrer Vielseitigkeit und Lebenskraft die man regelrecht fühlen kann. Sie haben so viele

Nährstoffe, Chlorophyll, Vitamine, Mineralien und stimulieren vor allem das Herzchakra. Ja, ich bin absoluter Kräuterfan! Für mich sind sie mit die größten Heiler der Natur. Mit jedem Gericht kannst Du Dich aktiv entscheiden – für ein gesünderes, bewussteres Leben.

Außerdem findest Du in diesem Kapitel das Grundrezept für vegane Mayonnaise, die sich super als Basis für Salate eignet und deshalb auch im Salatkapitel auftaucht. Oder Du servierst sie als Dip zu den Avocado-Pommes, die zum einen gesünder sind als herkömmliche Pommes und zum anderen ein besonderes Geschmackserlebnis.

Die ausgependelten Symbole in diesem Kapitel helfen Dir bei der Transformation, beim Löschen von Urängsten und sie verbinden Dich mit dem Pulsschlag von Mutter Erde.

Verbindung zum Pulsschlag von Mutter Erde

Avocado-Kräuter-
DIP

**Für 2 Personen,
Dauer ca. 10 Minuten**

2 Avocados
½ Handvoll Koriander
1 Handvoll Basilikum
1–2 Zehen Knoblauch
Saft ½ Zitrone
2 EL Olivenöl (optional)
Salz, Pfeffer
25 g Pinienkerne

Dieses Pesto ist so lecker, dass man es am liebsten auf einmal auslöffeln mag. Es passt perfekt zu Zucchininudeln, Kamutpasta oder Brot. Koriander ist ein Superfood, das ausleitend und entgiftend wirkt, aber auch bei Magen-Darm-Beschwerden hilft sowie bei Entzündungskrankheiten. Im Doppelpack mit Basilikum, das ebenfalls bei Entzündungen und Magen-Darm-Beschwerden hilft, macht es den Dip zu einem gesunden, superleckeren Allrounder.

Für den Dip

Entsteine die Avocado und gib das Avocadofleisch in einen Mixer, gemeinsam mit dem gewaschenen Koriander, Basilikum, Knoblauch, Zitrone, Olivenöl, Salz und Pfeffer. Röste die Pinienkerne in einer kleinen Pfanne an, bis sie goldbraun sind. Gib diese ebenfalls in den Mixer und mixe auf der Pulstaste alles gut durch.

TIPP

Wenn Du für das Pesto kein Öl verwenden möchtest, kannst Du statt Öl auch 3 EL Wasser nehmen. Wenn Du Knoblauch roh nicht verträgst, brate ihn kurz in der Pfanne an.

GUMOR

Transformation

Hummus

Für 2 Personen, Dauer ca. 10 Minuten

Für den Hummus

1 Glas Kichererbsen (400 g)

2 Knoblauchzehen

6 EL Tahini

Saft von 1 Zitrone

½ TL Salz

Für das Topping

Olivenöl

Kurkumapulver

Kreuzkümmelpulver

Chiliflocken

Chilifäden

Kichererbsen sind reich an essenziellen Aminosäuren wie Lysin, was unter anderem die Aufnahme von Calcium positiv beeinflusst, das im Tahin steckt. Somit ist Hummus nicht nur sehr lecker, sondern auch gut für Zähne, Knochen, Bindegewebe, Muskeln und die Herzgesundheit.

Für den Hummus

Gieße das Kichererbsenwasser aus dem Glas ab. Wasche die Kichererbsen in einem Sieb und bewege sie leicht hin und her, bis sich die Haut löst. Ansonsten hilf mit Deinen Fingern etwas nach. Gib die Kichererbsen ohne die Haut mit den Knoblauchzehen, der Tahini, dem Zitronensaft und dem Salz in einen Hochleistungsmixer. Mixe alles gut durch, bis es schön cremig ist. Wenn das Mixgut zu heiß wird, kannst Du auch 2–3 Eiswürfel dazugeben, um es abzukühlen.

Für das Topping

Gib alles in eine schöne Schale und toppe es mit Olivenöl, Kurkumapulver, Kreuzkümmelpulver, Chiliflocken und Chilifäden.

TIPP

Du kannst trockene Kichererbsen auch für 2-3 Tage keimen lassen. Wenn Du sie dann kurz blanchierst, sind sie noch leichter verdaulich.

AVITA

Reine Schaffenskraft

Artischocke
MIT LEINSAMENDIP

**Für 2 Personen,
Dauer ca. 45 Minuten**

Für die Artischocke

1 Artischocke

Zitronensaft

Steinsalz

Für den Leinsamendip

50 g Leinsamen

1 Bund Petersilie

1 Bund Dill

1–2 EL Tamarisoße

Saft von ¼ Zitrone

1 Zehe Knoblauch (optional)

ONOMAN

Artischocken sind ein Wunderwerk der Natur, genau wie Kräuter. Dieses Gericht kommt ganz ohne Öl aus, dadurch ist diese Kombination nicht nur superlecker, sondern steckt auch voller Antioxidantien, Vitamine, Omega-3-Fettsäuren und Mineralien – eine Wohltat für Leber, Galle und die gesamte Verdauung. Es ist die perfekte Abendmahlzeit, da die Zutaten optimal kombiniert sind und dadurch leicht verdaulich.

Für die Artischocke

Gib so viel Wasser in einen großen Topf, dass die Artischocke locker darin schwimmt. Gib Saft von einer viertel bis halben Zitrone und etwas Salz hinzu. Koche die Artischocke für ca. 45 Minuten. Sie ist fertig, wenn Du eine Gabel oberhalb des Strunks einstichst und dieser weich ist.

Für den Leinsamendip

Gib als Erstes die Leinsamen in einen Mixer und verarbeite sie zu Mehl. Füge dann alle restlichen Zutaten hinzu und mixe alles gut durch. Schmecke Deinen Dip ab und füge bei Bedarf noch mehr Tamarisoße hinzu, dann wird der Geschmack etwas kräftiger.

TIPP

Du kannst für den Dip auch gerne andere Kräuter kombinieren. Dies ist ein Basisrezept und Deiner Fantasie sind keine Grenzen gesetzt. Schmeckt auch lecker mit Koriander. Du kannst die Artischocke auch im Dampfgarer machen. Dauer: ca. 35–40 Minuten.

Urängste löschen

Avocado- „Pommes"

MIT VEGANER MAYONNAISE

Für 2 Personen,
Dauer ca. 40 Minuten

Für die Pommes
3 Avocados
135 g Kichererbsenmehl
215 ml ungesüßte Pflanzenmilch
Salz
1 TL Kreuzkümmel
2–3 TL Knoblauchpulver

Für die Panade
100 g Dinkelflakes
Zwiebelgranulat
¼ TL Kurkuma
¼ Paprika
Chiliflocken

Für die vegane Mayonnaise
Siehe Seite 82.

TEMPLA

Pommes aus Avocados? Ja und Ja! Diese gesunde Alternative zu herkömmlichen Pommes ist so besonders und auch so besonders lecker. Zudem versorgen Dich Avocados mit sekundären Pflanzenstoffen wie Lutein und sie machen satt.

Für die Avocado-Pommes
Schneide die Avocados wie Pommes in Form und löse sie mit einem großen Esslöffel aus der Schale. Mische in einer Schale das Kichererbsenmehl, die pflanzliche Milch, Salz, Kreuzkümmel und Knoblauchpulver.

Für die Panade
In einer weiteren Schale mische die Panade aus Dinkelflakes, Zwiebelgranulat, Kurkuma, Paprika und Chiliflocken. Dippe nun die Avocadospalten zuerst in die Schale mit Kichererbsenmehl, danach in die Schale mit der Panade. Am besten gelingen die Avocado-Pommes mit etwas Öl besprüht im Airfryer bei 170 °C in ca. 10 Minuten. Ansonsten auch gut im Backofen auf Backpapier bei 200 °C Ober-/Unterhitze für 20–25 Minuten. Nach der Hälfte der Zeit sollten sie gewendet werden. Das Rezept für die vegane Mayonnaise findest Du auf Seite 82.

TIPP
Die Pommes funktionieren auch mit Zucchini. Ersetze dafür einfach die Avocados durch Zucchini.

Erkennen und umwandeln

Vegane Mayonnaise

Für ca. 3–5 Personen, Dauer ca. 10 Minuten

200 ml ungesüßte Sojamilch
  oder Barista Hafermilch

180 ml neutrales Öl
  (z. B. Mariendistelöl)

5–10 ml Zitronensaft

1 Knoblauchzehe (optional)

1 TL Senf

½ TL Salz

½ TL Johhannnisbrotkernmehl

Mariendistelöl ist reich an Vitamin E, schmeckt neutral und hat zudem eine positive Wirkung auf die Leberfunktion. Achte dabei auf gute Bioqualität aus Kaltpressung. Eine superleckere Mayonnaise, die ohne ungesunde Zusatzstoffe auskommt, da sie ganz einfach in nur 5 Minuten im Mixer gemacht ist.

Für die Mayonnaise

Gib alle Zutaten in den Mixer und fange langsam an zu mixen. Steigere dann die Geschwindigkeit – fertig ist die Mayonnaise.

TIPP

Dies ist ein Basisrezept, Du kannst je nach Geschmack mehr Knoblauch dazugeben und hast dann eine leckere Aioli-Creme. Gibst Du Kurkumapulver hinzu, hast Du eine Kurkuma-Mayonnaise.

Für dieses Rezept ist die Pflanzenmilch ausschlaggebend. Sie entscheidet über die Festigkeit der Mayonnaise. Optimal ist Sojamilch oder Barista Hafermilch.

PRANA

Suppen & Salate

Ich liebe Suppen! Besonders, wenn es draußen kälter wird, bieten Suppen eine nahrhafte Alternative, die uns bis auf die Knochen wärmt und ein wohlig-leichtes Gefühl hinterlässt. An heißen Sommertagen erfrischen und kühlen sie. Viele der Suppen kannst Du im Hochleistungsmixer machen, wobei ich Dir zusätzlich einen Dampfgarer empfehle, da er das Gemüse schonend vorgart und so viele wertvolle Inhaltsstoffe im Gemüse enthalten bleiben, von der Zeitersparnis ganz zu schweigen. Die Suppen sind mit wenigen Zutaten schnell zubereitet. Einige sind Rohkostsuppen, das heißt, sie sind noch „lebendig", da sie nicht über 42 Grad erhitzt werden. Das bedeutet aber nicht, dass sie kalt sind, im Gegenteil. 42 Grad sind etwas wärmer als unsere eigene Körpertemperatur, daher empfinden wir sie schon als heiß. Der Vorteil: alle Vitamine, Mineralien und Enzyme sind noch verfügbar und können vom Körper gut aufgenommen werden. Für manche Menschen sind gekochte, bzw. gedämpfte Lebensmittel vorteilhafter. Auch dafür habe ich einige Rezepte zusammengestellt, die basisch und so kombiniert sind, dass Du Dich leicht und gut genährt fühlst.

Die perfekte Zeit, um Suppen zu genießen, ist nach der Traditionellen Chinesischen Medizin mittags von 11 bis 13 Uhr und abends von 17 bis 19 Uhr.

Suppen sind nach der TCM besonders in der Übergangszeit vom Sommer in den Herbst sehr nährend, da sich dann auch bei uns – wie in der gesamten Natur – wieder alles ins Innere zurück zieht. Die Blätter fallen zu Boden, trocknen aus. Unser Körper braucht in dieser Zeit ebenfalls vermehrt Flüssigkeit, auch im Essen.

Neben Suppen sind Salate wichtig, lecker und gesund, denn wir essen sie in der Regel roh und sie gehören zur Gruppe der „lebendigen" Nahrungsmittel, sind also echte, naturgewachsene Lebensmittel, mit denen wir jede Menge Nährstoffe, Vitamine und Enzyme aufnehmen. Außerdem enthalten sie viel Wasser, was uns auf Zellebene hydriert. Idealerweise ist das Wasser in Obst und Gemüse basisch, rein, optimal strukturiert bzw. energetisiert und in einer Form vorhanden, die perfekt von unseren Zellen aufgenommen werden kann. Am stärksten ist Dein „Verdauungsfeuer" für Salate laut Ayurveda und TCM zwischen 12 und 14 Uhr. Wichtig ist, sie vor der Hauptmahlzeit zu genießen, da sie die Verdauung anregen. Alle, die es „herzhafter" mögen, finden in diesem Kapitel auch einen leckeren Nudel- und Kartoffelsalat, der zu jeder Tageszeit und auch als Hauptgericht schmeckt.

Ich wünsche Dir mit diesem Kapitel gesegneten Genuss.

Gefühle und Emotionen

Brokkolisuppe

Für 3–4 Personen, Dauer ca. 25–30 Minuten

Für die Suppe

4–5 Kartoffeln weichkochend (350 g)

1 Brokkoli (300 g)

2–3 Knoblauchzehen

1 Zwiebel

2–2,5 EL Gemüsebrühe

850 ml Wasser

½ Bund Petersilie

Salz, Pfeffer

Für das Topping

1 Schuss Pflanzensahne

Chilifäden

Kürbiskerne

Basilikumblätter

Brokkoli ist eine wahre Nährstoffbombe. Das Kohlgemüse punktet mit Vitaminen, Mineralstoffen und Antioxidantien. Die dunkelgrünen Röschen stärken das Immunsystem, schützen vor Entzündungen und stärken die Herzgesundheit. Die Suppe ist mit wenigen Zutaten schnell gemacht und voller Geschmack.

Für die Suppe

Dünste oder koche die Kartoffeln und den Brokkoli, wobei die Kartoffeln länger brauchen als der Brokkoli. Dünste den Knoblauch und die Zwiebel mit etwas Kokosöl in einem Topf an. Löse die Gemüsebrühe in kochendem Wasser auf und gib sie in den Topf zum Knoblauch und der Zwiebel. Füge die Kartoffeln und den Brokkoli hinzu und püriere alles mit einem Pürierstab. Gib zuletzt den halben Bund Petersilie hinzu und püriere ihn ohne mitzukochen, indem Du den Topf einfach von der Herdplatte nimmst. So bleiben der einzigartige Geschmack und die Vitamine größtenteils erhalten. Schmecke die Suppe mit Salz und Pfeffer ab.

Für das Topping

Gib einen kleinen Schuss Pflanzensahne über die Suppe und dekoriere sie mit Chilifäden, Kürbiskernen und Basilikumblättern.

TIPP

Wenn Du das untere Ende des Brokkoli etwa 1 cm breit abschneidest und den Stamm sparsam schälst, kannst Du ihn komplett verwenden.

LATERAN

Innere Sonne

Kartoffelsuppe
MIT SHIITAKEPILZEN

**Für 2–3 Personen,
Dauer ca. 25–30 Minuten**

Diese Suppe macht richtig satt und wärmt Dich wundervoll von innen. Nebenbei wirken Kartoffeln basisch im Körper und der Meerrettich trumpft mit antientzündlichen Eigenschaften auf. Shiitakepilze unterstützen die Immunfunktion, steigern die Energie- und Gehirnfunktion und fördern die Hautgesundheit.

Für die Suppe

500 g Kartoffeln

3 Zwiebeln

2–3 Zehen Knoblauch

2 EL Gemüsebrühe

3 TL Meerrettich aus dem Glas

1 EL Mandelmus

400 ml Wasser

Salz, Pfeffer

Für die Suppe

Koche oder dünste die Kartoffeln, bis sie gar sind. Zerkleinere die Zwiebeln und den Knoblauch im Hochleistungsmixer. Dünste sie dann in der Pfanne mit etwas Kokosöl an. Gib die Kartoffeln in den Mixer oder nimm einen Stabmixer mit Topf zur Hilfe. Gib die Kartoffeln, die Zwiebeln, den Knoblauch, die Gemüsebrühe, den Meerrettich, das Mandelmus und das Wasser in den Mixer oder den Topf und mixe alles gut durch, bis es schön cremig ist. Schmecke die Suppe mit Salz und Pfeffer ab.

Für das Topping

250 g Shiitakepilze

3 EL Tamarisoße

4 EL Sesamöl

1 Prise Chiliflocken

Petersilie

Für das Topping

Wasche die Pilze oder bürste sie ab. Gib die Pilze, die Tamarisoße, das Sesamöl und die Chiliflocken in eine kleine Schüssel. Vermenge alles gut und lasse die Marinade in die Pilze einziehen. Serviere die Suppe und toppe sie mit den Shiitakepilzen und etwas Petersilie.

TIPP

Wenn Du Deine Shiitakepilze lieber gebraten magst, kannst Du sie auch einfach in der Pfanne mit den anderen Zutaten braten. Roh mariniert hast Du allerdings eine höhere Nährstoffdichte.

LINXX

Transformation

Rohe Karotten–Kürbis–

INGWER-SUPPE

**Für 3–4 Personen,
Dauer ca. 15 Minuten**

Für die Suppe

3 Karotten

½ kleiner Kürbis
  (300 g, entkernt)

400 ml Kokosmilch

1 Stange Zitronengras

2 kl. Stücke Ingwer

2 TL Gemüsebrühe

1 kl. Prise Chili, ¼ TL Paprika

½ TL Curry, ½ TL Kreuzkümmel

½ TL Zitronenschale

250 ml Wasser, Saft ½ Zitrone

1 ½ TL Ahornsirup

Für das Topping

Chilifäden, Petersilie, Kürbis-kerne, Kürbiskernmus,
Balsamic-Glaze

Diese Suppe lässt sich ohne großen Zeitaufwand im Hochleistungs-mixer mixen und gleichzeitig erhitzen – bis maximal 42 Grad, damit Du noch alle wundervollen Vitamine, Mineralien in aktiver Form zu Dir nehmen kannst. Zitronengras ist immunstärkend und in Kombi-nation mit Ingwer hilft es bei Magenschmerzen und Übelkeit. Karot-ten und Kürbis versorgen Dich mit Betacarotin, das entzündungs-hemmend wirkt und den Alterungsprozess verlangsamt.

Für die Suppe

Wasche und schäle die Karotten. Entkerne den Kürbis und wasche ihn. Schneide die Karotte und den Kürbis in kleinere Stücke. Gib bei-des mit der Kokosmilch in den Hochleistungsmixer. Entferne die äu-ßeren Schichten des Zitronengrases und gib den weichen Teil zusam-men mit dem Ingwer, der Gemüsebrühe und den restlichen Gewürzen sowie der Zitronenschale und Wasser in den Mixbehälter. Mixe alles auf höchster Stufe für 4 Minuten und 20 Sekunden. Finalisiere die Suppe mit dem Saft von einer halben Zitrone und etwas Ahornsirup und mixe sie noch mal kurz durch.

Für das Topping

Toppe die Suppe mit Kürbismus, Kürbiskernen, Chilifäden, Petersilie und Balsamic-Glaze.

TIPP

Nimm auf jeden Fall eine Bio-Zitrone. Am allerbesten wäre eine Amalfi-Zitrone. Die Schale ist außergewöhnlich lecker und gibt der Suppe das gewisse Etwas.

KUENEL

Partnerschaft

Rohe Spargelsuppe

**Für 2 Personen,
Dauer ca. 15–20 Minuten**

500 g Spargel, weiß

1 Zucchini

100 g Cashews
(über Nacht eingeweicht)

1,5 EL Meerrettich aus dem Glas

2 TL Ahornsirup

1,5 TL Apfelessig

½ TL Kala Namak

Saft ¼ Bio-Zitrone

Pfeffer

Für das Topping
Leinöl

Balsamic-Glaze

Salz, Pfeffer

Frühlingszwiebeln

Petersilie

So leicht und so schnell zubereitet versorgt Dich der weiße Spargel mit Mikronährstoffen, besonders wenn er roh gegessen wird, wie bei dieser Suppe. Außerdem fördert er die Nierentätigkeit, da er einen entwässernden Effekt hat. Eine rundum leckere cremige Suppe, die Dich höher schwingen lässt und trotzdem nährt und wärmt.

Für die Suppe
Schäle den Spargel und schneide das holzige Ende ab. Hebe ein paar Spargelspitzen für das Topping der Suppe auf. Schäle die Zucchini. Die eingeweichten Cashews einmal abgießen. Gib dann alle Rezept-Zutaten in den Hochleistungsmixer für 4 Minuten und 20 Sekunden. Schmecke die Suppe ab und balanciere sie gegebenfalls mit Zitrone, Kala Namak und Ahornsiurp aus.

Für das Topping
Toppe sie mit Leinöl, Balsamic-Glaze, Frühlingszwiebeln, Spargelspitzen, Salz, Pfeffer und Petersilie.

TIPP
Du kannst den Ahornsirup auch gegen Honig tauschen.
Und wenn Du den „Ei"geschmack von Kala Namak nicht magst, kannst Du stattdessen auch normales Steinsalz nehmen.

ALUUN

Konzentration, Potenziale

Zucchini–Gurken–
KRÄUTERSUPPE

Für 2 Personen,
Dauer ca. 15 Minuten

1,5 Zucchini

2 Minigurken

1 Handvoll Basilikum

1 Handvoll Petersilie

1 Bio-Zitrone

Salz, Pfeffer

Diese leckere und gesunde Suppe kannst Du ganz einfach im Hochleistungsmixer machen. Und das Beste ist: Sie wird auch noch beim Mixen warm. Sie ist perfekt für warme Sommertage, wirkt im Körper basisch, verdauungsfördernd, stressabbauend und sogar verjüngend.

Für die Suppe

Schäle die Zucchini. Bei den Minigurken lasse ich die Schale immer dran, ebenso bei Bio-Gurken. Gib alle Zutaten in einen Hochleistungsmixer und lasse ihn für ca. 3,5 Minuten laufen, bis die Suppe lauwarm ist. Verfeinere sie mit dem Abrieb der halben Zitrone. Schmecke die Suppe mit Salz und Pfeffer ab und dekoriere sie nach Geschmack.

TIPP

Bio-Minigurken sind etwas intensiver im Geschmack als normale Salatgurken. Du kannst den Geschmack gut ausbalancieren, indem Du im Wechsel Zitronensaft und Salz dazu gibst. Diese Kombination wirkt wie eine Art Geschmacksverstärker.

RINKH

Erkennen und umwandeln

Kartoffelsalat

MIT RADIESCHEN & DILL

**Für 2–4 Personen,
Dauer ca. 35 Minuten**

Für den Kartoffelsalat

1 kg Kartoffeln

1 Bund Radieschen

3–4 Frühlingszwiebeln

1 kl. Bund Dill

Für die vegane Mayonnaise

Siehe Seite 82.

Superschnell gemacht und genau das Richtige für warme Tage. Die kleinen roten Radieschen sind knackige Kraftpakete. Sie haben eine antibiotische und entgiftende Wirkung und fördern mit dem Dill die Verdauung.

Für den Kartoffelsalat

Schäle die Kartoffeln, achtele sie und dünste oder koche sie. Schneide die Radieschen und den Lauch in kleine Scheiben. Zerkleinere den Dill und gib alles in eine Schüssel.

Gib die vegane Mayonnaise dazu und lass alles gut durchziehen.

TIPP

Wenn Du den Kartoffelsalat am Abend vorher machst und ihn in den Kühlschrank stellst, kann er schön durchziehen und schmeckt am nächsten Tag sogar noch besser.

PRANA

Reine Schaffenskraft

Gurkensalat mit
CASHEWCREME, GETOPPT MIT KAROTTENLACHS

**Für 2 Personen,
Dauer ca. 25 Minuten**

Für die Cashewcreme

120 g Cashews

Saft ½ Zitrone

160 ml Wasser

1 ½ TL Salz

Für den Gurkensalat und den Karottenlachs

2 Gurken, Dill

2–3 Karotten klein bis mittel

50 ml Leinöl

1 TL flüssiger Rauch

2 TL gemixtes Meeresalgenpulver oder Nori-Algen

2 TL Shoyusoße

1 TL Räucherpaprika

je ½ TL Rauchsalz, Ahornsirup und Reisessig

MIRAGE

Schon seit meiner Kindheit bin ich absolute Gurkenliebhaberin. Und das nicht ohne Grund: Gurken hydrieren uns auf zellulärer Ebene und sind dadurch ein absoluter Jungbrunnen. Karotten trumpfen mit Betacarotin auf und verhelfen uns zu gesunden Augen. Die Algen im Karottenlachs sind gesund für die Schilddrüse und sie zaubern einen fischähnlichen Geschmack. Das Leinöl schützt mit seinen Omega-3-Fettsäuren Dein Herz- und Kreislaufsystem.

Für die Ceshewcreme

Weiche die Cashews über Nacht ein oder koche sie kurz in Wasser auf. Gieße das Wasser ab. Gib die Cashews, den Zitronensaft, das Wasser und Salz in einen Hochleistungsmixer. Mixe alles cremig.

Für den Gurkensalat und den Karottenlachs

Entferne die Schale der Gurke. Schneide sie mit einem Sparschäler in feine Streifen. Zerkleinere den Dill. Vermische die Gurkenscheiben mit der Cashewmischung und dem Dill. Schäle die äußere Schicht der Karotten und schneide sie ebenfalls mit dem Sparschäler in feine Streifen. Mixe das Leinöl und alle anderen Zutaten in einer kleinen Schüssel. Gieße die Ölmischung über die Karotten und vermenge alles gut. Lasse den Salat für mindestens 1 Stunde ziehen. Je länger Du ihn ziehen lässt, gern sogar über Nacht, umso geschmacksintensiver wird er.

TIPP

Wenn Du die Karotten weicher magst, gib die geschnittenen Streifen vorher in den Dampfgarer oder in einen Topf mit Siebeinsatz und dämpfe sie für 5 Minuten.

Hoffnung

Jackfruit-Nudelsalat

Für 4–6 Personen,
Dauer ca. 35–40 Minuten

Für den Salat

500 g Fusilli

1 Glas Jackfruit

Chiliflocken

Paprikapulver

Salz, Pfeffer

1 Glas Gewürzgurken

1–2 rote Zwiebeln

2–3 frische Lauchzwiebeln

1 Bund frischer Dill

80 g Pinienkerne

Für die vegane Mayonnaise

Siehe Seite 82.

Dieser Nudelsalat überzeugt sogar Fleischesser. Jackfruit enthält für eine Frucht recht viel Calcium. Aber auch Eisen, Magnesium, Kalium und Kupfer. Dill unterstützt die Verdauung und die Pinienkerne runden den Salat mit seinen nervenberuhigenden Eigenschaften perfekt ab.

Für den Salat

Koche die Nudeln. Gieße das Wasser der Jackfruit ab und schneide die Stücke klein. Brate die Jackfruitststücke mit Chiliflocken, Paprikapulver, Salz und Pfeffer in einer mit Kokosöl ausgestrichenen Pfanne scharf an. Schneide die Gewürzgurken, die roten Zwiebeln, die Lauchzwiebeln und den Dill klein. Röste die Pinienkerne in einer kleinen Pfanne kurz an, bis sie leicht hellbraun sind.

Bereite die vegane Mayonnaise zu. Vermische alle Zutaten und hebe die Mayonnaise unter. Lass den Nudelsalat über Nacht ziehen.

TIPP

Achte darauf, dass Du die Mayonnaise für den Nudelsalat etwas salziger machst, als wenn Du sie pur essen würdest, da die Nudeln die Würze förmlich aufsaugen.

KRISIS

Ausgewogenheit, Kommunikation

Rote-Beete-
KAROTTEN-SALAT

**Für 3–4 Personen,
Dauer ca. 10 Minuten**

3 Rote Beete

6 Karotten

Saft ½ Zitrone

2 EL Kokosblütenzucker

2,5 EL Leinöl

etwas Salz

eine kleine Handvoll Zedern-
nüsse (optional)

Rote Beete und Karotte sind ein richtiges Power-Duo. Zusammen mit Leinöl, das Dich mit Omega-3-Fettsäuren versorgt, kannst Du die wertvollen Vitamine und Carotinoide perfekt aufnehmen. Ein Jungbrunnen und Kraftspender, der antientzündlich im Körper wirkt und noch so viel mehr kann. Fest steht: Der Salat ist mit wenigen Zutaten schnell gemacht und sollte mindestens einmal in der Woche auf dem Speiseplan stehen.

Für den Salat

Schäle die Rote Beete und die Karotten. Schneide beides in grobe Stücke. Gib die Stücke in einen Hochleistungsmixer. Drücke die Puls-taste so lange, bis alles klein gehackt ist. Fülle die Mischung in eine Schüssel um und gib Zitronensaft, Kokosblütenzucker und Leinöl dazu. Vermenge alles gut und lass es Dir schmecken.

TIPP

Wenn Du Leinöl nicht magst, kannst Du es gegen ein anderes Öl Deiner Wahl eintauschen. Lecker und supergesund ist zum Beispiel Traubenkernöl, welches einen sehr hohen Orac-Wert hat, der Deine Zellen schützt.

Um den Salat ein bisschen aufzupeppen, nimm eine kleine Hand voll Zedernüsse, röste sie in der Pfanne kurz an, bis sie goldbraun sind und mische sie unter den Salat.

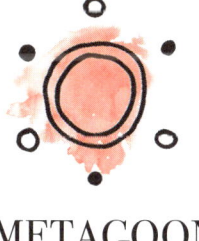

METAGOON

Klarheit, Erleichterung

Quinoa-Rotkohl-
SALAT

**Für 2–4 Personen,
Dauer ca. 30 Minuten**

250 g Quinoa
½ frischen Rotkohl (500 g)
1 Bund Frühlingszwiebeln
3 EL Shoyusoße
Saft von ½ Zitrone
6 EL Tahini
1 TL Apfelessig
3 EL Ahornsirup
150 g Walnüsse, oder
  Haselnüsse
Salz, Pfeffer

Rotkohl nehmen wir nicht alle Tage zu uns, aber mit diesem Salat ist er wirklich schnell zubereitet. Euer Körper wird es Euch danken, denn Rotkohl wirkt Infektionen, Entzündungen und oxidativem Stress entgegen. Zudem unterstützt er mit seiner lila Farbe die Öffnung des Kronenchakras. Quinoa ist eine gute Eiweißquelle und verstärkt die heilenden Eigenschaften des Rotkohls.

Für den Salat

Wasche die Quinoa, gib sie in kochendes Wasser und koche sie für ca. 25 Minuten. Danach lass sie komplett abkühlen. Schneide den Rotkohl in gröbere Stücke und spüle ihn ebenfalls gut ab. Gib dann die groben Stücke in Deinen Hochleistungsmixer. Mixe ihn auf der Pulstatste klein. Gib die Quinoa und den Rotkohl in eine große Schüssel. Schneide ca. 3 Stangen der Frühlingszwiebeln klein und gib diese ebenfalls hinzu. Mixe nun die Shoyusoße, den Zitronensaft, das Tahini, Ahornsirup und Apfelessig zu einem Dressing. Gib das Dressing in die Schüssel und rühre es vorsichtig unter. Zerkleinere die Walnüsse und röste sie in einer kleinen Pfanne an, bis sie leicht braun und knusprig sind. Gib sie zum Salat. Schmecke alles mit Salz und Pfeffer ab und genieße diesen supergesunden und leckeren Salat.

TIPP

Wenn Du das Dressing anmischst, dann darf es ruhig intensiver als gewohnt schmecken – denn wenn Du es unter die anderen Zutaten mixt, balanciert sich der Geschmack automatisch wieder aus.

RESPEL

Hauptgerichte

Oh, ich liebe Hauptgerichte – besonders, wenn sie fantastisch schmecken, gut kombiniert sind und ich mich nach dem Essen danach leicht, genährt und glücklich fühle. Dieses Kapitel führt Dich ein wenig um die Welt: Du findest hier viele italienisch inspirierte Rezepte, aber auch die typisch spanische Tortilla und Ideen aus Fernost.

Ich habe in die Gerichte viele Grundtechniken des Kochens einfließen lassen, mit denen ich Dich motiveren möchte, die Rezepte nach Deinem Gefühl abzuwandeln, damit Du etwas Neues, wundervoll Leckeres für Dich kreieren kannst.

Außerdem habe ich darauf geachtet, so viel Gemüse wie überhaupt nur möglich zu integrieren, um Dir die höchste Nährstoffdichte und optimale kulinarische Stimulation Deiner Chakren zu ermöglichen.

Apropos Nährstoffdichte: Mit frischem Bio-Gemüse vom Wochenmarkt steigt die Menge an Nähr- und Vitalstoffen erheblich. Mit jedem Bissen werden wir schöner und gesünder. Das ist mein Ziel – auch für Dich, wenn Du magst. Wenn Du nicht immer bio kaufen magst – aus welchem Grund auch immer –, weißt Du ja jetzt, dass Du Dein Essen immer segnen kannst, um seine Energie zu erhöhen und Dein Bewusstsein anzuheben.

Mich erfüllt es, Lebensmittel und Materialien, die uns unsere geliebte Erde schenkt, in schöne Kreationen umzuwandeln. Ich lasse mich inspirieren vom Wochenmarkt, dem Prana (der Lebensenergie) von Obst und Gemüse und der Wertschätzung für die Bauern, für alle Pflanzen und Mutter Erde.

In diesem Kapitel zeige ich Dir, wie Du aus Blumenkohl „Reis" einen leckeren Pizzaboden machst, aus Zucchini Lasagneplatten und Spaghetti und wie Du ganze Kräuterbündel zu leckeren Soßen verarbeitest.

Du kannst mit der Lasagne, den Nudeltaschen und dem Rohkost-Sushi Deine Gäste verzaubern, die noch neu im Kosmos pflanzenbasierter Ernährung sind. Für das Dinner zu zweit eignen sich das Mairüben-Artischocken-Püree oder die Pizza „Hollandaise" mit Blumenkohlboden.

Für ein leichtes, kalorienarmes Abendessen empfehle ich den Chinakohl, die Schmorgurken und das Tomaten-Artischocken-Fenchel-Potpourri aus dem Ofen, da diese Gerichte mit wenig Kohlehydraten und ganz ohne Öl auskommen. So unterstützen und stärken sie die Verdauungsorgane, statt sie zu beschweren. Und sie wärmen trotzdem den ganzen Körper.

Hier passt der Ausspruch von Hippokrates perfekt: „Lass Nahrung Deine Medizin sein."

Was auch immer es ist, was Dich in diesem Kapitel inspiriert – und ich hoffe, das tut es – die Speisen wirken auf allen Ebenen: Körper, Geist und Seele.

Die Symbole unterstützen Dich auch bei diesen Rezepten zum Höchsten und Besten bei Deiner Entwicklung.

Energetische Heilung, Schmerzbefreiung

Jackfruit-Champignon-
ALLERLEI MIT BLUMENKOHLREIS

**Für 2 Personen,
Dauer ca. 35–40 Minuten**

Für das Allerlei

565 g Jackfruit aus dem Glas

140 g Spargel

170 g Champignons

2 Zwiebeln

2 TL Kokosöl

4 EL Mandelmus

300 ml Wasser

1 EL Gemüsebrühe

50 ml Weißwein

Salz, Pfeffer

Saft von 1 Zitrone, Petersilie

1 Packung Dinkel-Cuisine

Für den Blumenkohlreis

¾ Blumenkohl

PI

Dieses Gericht erinnert an das typische „Hühnerfrikassee" – nur neu interpretiert. Mit gesunden Zutaten wie grünem Spargel, der u. a. Vitamin C und Betacarotin enthält. Da der Blumenkohl roh ist und die Soße warm, ist das Allerlei eine tolle, kalorienarme Kombi.

Für das Allerlei

Gieße die Jackfruit ab. Schneide die Champignons in dünne Scheiben, den grünen Spargel in Stücke und zerkleinere die Zwiebeln im Mixer. Dünste zuerst die Zwiebeln mit dem Kokosöl in einer Pfanne kurz an. Gib die Jackfruit dazu und dann die Champignons. Gib das Mandelmus mit dem Wasser und der Gemüsebrühe in den Mixbehälter. Mixe alles gut durch. Gib dann die Mischung zu den restlichen Zutaten in die Pfanne. Füge den Weißwein hinzu und lass den Alkohol für ca. 10 Minuten gut verkochen. Schmecke mit Salz, Pfeffer und Zitronensaft ab und finalisiere alles mit klein geschnittener Petersilie und ca. 100 ml veganer Dinkel-Cuisine.

Für den Blumenkohlreis

Gib einzelne Röschen in einen Hochleistungsmixer und drücke die Pulstaste, bis der Blumenkohl reisförmig ist.

TIPP

Wenn Du keinen grünen Spargel bekommst, kannst Du ihn durch gefrorene Erbsen ersetzen. Wenn Du kein Mandelmus hast, kannst Du stattdessen 400 ml Pflanzen-Cuisine nehmen.

Antrieb, neuer Schwung

Rosmarinkartoffeln
MIT ZWEIERLEI „QUARK"

Für 2 Personen, Dauer ca. 50 Minuten

Für die Rosmarinkartoffeln
1kg Kartoffeln
2–3 EL Olivenöl
grobes Salz
Rosmarinnadeln

Für den Quark
500 g pflanzlicher Quark ohne Zuckerzusatz
Petersilie, Dill, Kresse
½ Zitrone
Knoblauch (optional)
Lauchzwiebeln
Salz, Pfeffer
1–2 TL Leinöl

Rosmarin ist ein gesundheitlicher Allrounder – besonders förderlich fürs Gedächtnis, zudem antiviral, antibakteriell und antioxidativ. Vor allem aber schmeckt er in Kombination mit Ofenkartoffeln traumhaft. Kresse, Petersilie und Dill ergänzen dieses Gericht perfekt und geben ihre volle Nährstoff- und Heilungspower dazu.

Für die Rosmarinkartoffeln
Die Kartoffeln vierteln und auf ein mit Backpapier ausgelegtes Backblech legen. Das Olivenöl, Salz, und die Rosmarinnadeln darüber geben und gut verteilen. Ich benutze meine Hände dazu, damit die Kartoffeln gut eingeölt und mariniert sind. Den Ofen auf 180 °C vorheizen und das Backblech mit den Kartoffeln für ca. 35–45 Minuten auf Ober-/Unterhitze backen.

Für den Quark
Teile den Quark in zwei Schalen auf und halbiere die Kräuter. Zerkleinere die eine Hälfte der Kräuter und gib sie in die eine Schale. Verfeinere diesen Quark mit Salz, Pfeffer, Lauchzwiebeln und optional Knoblauch. Die andere Hälfte der Kräuter gibst Du mit der zweiten Hälfte des Quarks, Salz, Pfeffer und einem Schuss Zitrone in den Mixer und mixt sie gut durch. Serviere beides über die Kartoffeln und genieße.

TIPP
Wenn Du eins der Kräuter für den Kräuterquark nicht magst, sei einfach kreativ und tausche es gegen Deine Lieblingskräuter aus. Als besonders leckeres Topping eignen sich Pilze Deiner Wahl, die Du mit Thymian, Tamari Sauce und Kokosöl anbraten kannst.

TENDRO

Herz- | Solarplexus- | Wurzelchakra

Spiritualität, Meditation

Kichererbsenomelette

MIT PILZEN & VEGANER SOUR CREME

Für 2 Personen, Dauer ca. 30 Minuten

Für die Füllung

130 g Shiitakepilze
etwas Kokosöl
Salz, Pfeffer
Pilzgewürzmischung
Petersilie

Dieses Gericht eignet sich zum Frühstück, zum Mittag oder als Abendessen – ich finde es immer perfekt! Außerdem ist es schnell gemacht. Die Füllung kannst Du jedes Mal variieren. Auch beim Kichererbsenomelette selbst kannst Du mit Gewürzen experimentieren. Kurkuma und Kreuzkümmel wirken zum Beispiel entzündungshemmend. Kichererbsen versorgen Dich mit wertvollen Mineralien, Eiweiß und Ballaststoffen und gehen somit Hand in Hand mit den Shiitakepilzen, die ebenfalls hochwertiges Eiweiß und verschiedene B-Vitamine und Vitamin D liefern.

Für die Füllung

Wasche und schneide die Pilze. Gib die Shiitakepilze in eine mit Kokosöl bestrichene Pfanne und gare sie kurz durch. Füge Salz, Pfeffer und eine Pilzgewürzmischung hinzu. Hacke Deine gewaschene Petersilie und gib sie zu den Pilzen. Stelle die Pfanne mit Deckel beiseite, damit sie warm bleiben. Gib ¾ der Pilze in die Omeletts und hebe den Rest für das Topping auf.

Weiter geht's auf der nächsten Seite →

Für das Omelette

150 g Kichererbsenmehl

270 ml Wasser

2 EL Tapiokastärke

½ TL Kurkuma

1 TL Kala Namak

1 TL Zwiebelpulver

½ TL Kreuzkümmelpulver

1 Prise Pfeffer

etwas Kokosöl

Veganer Scheiben- oder
    Streukäse von Simply V

Für das Topping

1 Avocado

1–2 Lauchzwiebeln

Karottenlachs (siehe Seite 99)

Sour Creme von Soyana

etwas Dill

Für das Omelette

Mixe in einer Schüssel das Kichererbsenmehl, das Wasser, Tapioka-stärke, Kurkuma, Kala Namak, Zwiebelpulver, Kreuzkümmelpulver und den Pfeffer zu einer homogenen Masse und lasse den Teig für min-destens 10–15 Minuten stehen.

Schöpfe mit einer Suppenkelle eine bis zwei Portionen Teig ab und gib diesen in eine mit etwas Kokosöl bestrichene Antihaftpfanne. Streiche die Masse mit der Rückseite des Löffels glatt, bis sie gleich-mäßig verteilt ist und brate das Omelette auf mittlerer Stufe, bis es an der Oberfläche Blasen bildet. Fülle es mit einer veganen Käsescheibe oder Streukäse und gib ¾ der Pilzfüllung dazu.
Klappe das Omelette in der Mitte zusammen und lege es auf einen schönen Teller.

Für das Topping

Gib den Rest der Pilzmischung auf das Omelette. Halbiere die Avoca-do, entferne den Kern und schneide die Hälften längs in dünne Strei-fen. Wasche die Lauchzwiebeln und schneide sie in feine Ringe. Lege beides mit einem Klecks Sour Creme und etwas Dill auf das Omelette.

TIPP

Wenn Du keine Shiitakepilze bekommst, kannst Du sie einfach gegen Champignons oder andere Pilze Deiner Wahl tauschen. Falls Du keine Pilzgewürzmischung zur Hand hast, eignet sich auch eine Mischung aus Kreuzkümmel, Pfeffer, Salz, Knoblauch, Paprika und getrockneter Zwiebel. Für ein reines Frühstücksomelette kannst Du gut ein paar Zwiebeln oder Spinat mit in den Teig geben.

KURT

Entscheidungsstärke, allgemeine Stärke

Kichererbsen–
ROTE-BEETE-EINTOPF

**Für 4 Personen,
Dauer ca. 35–40 Minuten**

Für den Eintopf

3 Rote Beete

6 Karotten

2 Zwiebeln

etwas Kokosöl

1 kleines Stück Ingwer

1 Lauchstange

600 ml Kokosmilch

2 EL Gemüsebrühe

1,5 TL Zitronenschale

2 TL Kreuzkümmel

Salz, Pfeffer

1 Glas Kichererbsen

300 ml Auffangwasser
   vom Dampfgaren

Ein leckerer Eintopf, der Dich mit Mutter Erde verbindet, da die Rote Beete und die Karotten direkt aus der Erde kommen. Daher regt dieses Gericht die unteren Chakren an und Du nimmst mit diesem Eintopf eine Vielfalt an antientzündlichen und immunstärkenden Vitaminen, Proteinen und Mineralien auf. Koriander leitet Giftstoffe aus, stärkt den Magen-Darm-Trakt, und seine grüne Farbe stimuliert das Herzchakra.

Für den Eintopf

Schäle die Rote Beete und die Karotten und schneide sie in kleine Würfel. Dünste sie für ca. 10 Minuten im Dampfgarer oder koche sie in Wasser. Achtung: Schütte das Auffangwasser des Dampfgarers bzw. das Wasser, in dem Du das Gemüse gekocht hast, nicht weg. Schäle die Zwiebeln und halbiere sie. Gib sie in den Mixer, um sie zu zerkleinern. Gib etwas Kokosöl, die zerkleinerten Zwiebeln und fein geriebenen Ingwer in eine Pfanne und dünste alles an.

Füge erst die Rote Beete, die Karotten und den in kleine Ringe geschnittenen Lauch hinzu. Dünste alles für weitere 5 Minuten an. Vermische dann die Kokosmilch mit der Gemüsebrühe und dem Auffangwasser vom Dampfgarer bzw. dem Gemüsewasser. Gib diese Mischung in den Topf mit dem Gemüse, den Kichererbsen (ohne das Kichererbsenwasser) und füge Zitronenschale, Kreuzkümmel, Salz und Pfeffer hinzu. Lasse alles etwa 15 Minuten lang köcheln.

Weiter geht's auf der nächsten Seite →

Für das Topping

1 Bund Koriander
Shoyusoße
1 EL Leinsamen
Kokosjoghurt
schwarzer Sesam

Für das Topping

Gib ¾ des Korianderbundes mit etwas Wasser, der Shoyusoße und den Leinsamen in den Mixer. Mixe auf höchster Stufe. Das andere Viertel des Korianders schneidest Du klein. Röste den schwarzen Sesam kurz an. Dekoriere Deinen Teller mit den Toppings.

TIPP

Wenn Du den Sesam anröstest, wird das Calcium bioverfügbar, das heißt, es kann besser vom Körper aufgenommen werden.

LAMBERT

Geborgenheit

Lasagne
MIT BLUMENKOHLHACK

Für 4–6 Personen, Dauer ca. 1 Stunde 10 Minuten

Für die Lasagne

2 Zwiebeln

3 Knoblauchzehen

1 ½ Packungen Blumenkohl (ca. 775 g)

1 Packung veganes Hack von Like Meat

etwas Kokosöl

3 TL Oregano, getrocknet

1–2 TL Paprikapulver

3 EL Shoyusoße

100 g Tomatenmark

1 Flasche Tomatenpassata (690 ml)

2 TL Ahornsirup

Salz, Pfeffer

8 Lasagneplatten

2 Tomaten

Lasagne mit Blumenhack? Schmeckt unglaublich lecker! Durch den Blumenkohl hast Du Deine tägliche Gemüseportion elegant mit reingemogelt und gleich Deinen Tagesbedarf an Vitmanin K gedeckt.

Für die Lasagne

Zerkleinere die Zwiebel und den Knoblauch im Hochleistungsmixer. Zerkleinere dann die Röschen vom Blumenkohl im Mixer zu Blumenkohlreis. Dünste die Zwiebel-Knoblauch-Mischung mit dem veganen Hack in Kokosöl in einer (Wok-)Pfanne an. Gib danach die Blumenkohlreis Mischung dazu. Füge Oregano, Paprikapulver und die Shoyusoße hinzu. Dann das Tomatenmark, 400 ml Tomatenpassata und den Ahornsirup. Schmecke alles mit Salz und Pfeffer ab. Stelle die Mischung beiseite.

Weiter geht's auf der nächsten Seite ⟶

Für die Béchamelsoße

5 EL vegane Butter

60 g Kichererbsenmehl

500 ml pflanzliche Milch

3 Knoblauchzehen

5 EL Hefeflocken

4 TL Kala Namak-Salz

1 Spritzer Zitrone

Veganer Streukäse von Simply V

frisches Basilikum

Für die Béchamelsoße

Lass die vegane Butter in einem Topf schmelzen. Gib das Kichererbsenmehl dazu und unter ständigem Rühren die pflanzliche Milch. Verfeinere die Soße mit kleingehacktem Knoblauch, den Hefeflocken, dem Kala Namak-Salz und einem Spritzer Zitrone. Heize den Ofen auf 180 °C Umluft vor.

Verteile die Blumenkohlhackmischung auf dem Boden der Auflaufform. Darauf verteilst Du die Béchamelsoße, dann kommen die Lasagneplatten obenauf. So gehts im Wechsel weiter, also Blumenkohlhackmischung, Béchamelsoße, Lasagneplatten – bis Du oben angekommen bist. Die oberste Schicht schließt Du mit Béchamelsoße, veganem Streukäse und Tomatenscheiben ab. Gib alles für ca. 40– 45 Minuten bei 180 °C Umluft in den Ofen. Zum Servieren ein paar Basilikumblätter darauf verteilen und kurz abkühlen lassen.

TIPP

Du kannst auch Zucchini in dünne Scheiben schneiden und diese statt der Lasagneplatten verwenden, dann wird Deine Lasagne noch etwas gesünder. Oder Du verwendest jeweils zur Hälfte Lasagneplatten und Zucchinischeiben.

Statt des veganen Hacks kannst Du 200 g Champignons oder Shiitakepilze im Mixer mit der Pulstaste klein hacken und diese mit der Zwiebel-Knoblauch-Mischung in einer (Wok-) Pfanne andünsten.

ASCHA

Partnerschaft, (Selbst)Liebe, Herz

Schmorgurken
MIT PFIFFERLINGEN

**Für 2 Personen,
Dauer ca. 25 Minuten**

Für die Schmorgurken

350 g Schmorgurken

4 große EL Mandelmus

400 ml Wasser

2 TL Senf, Salz, Pfeffer

1 Bund Petersilie

1 ½ EL Senfkörner

2 TL Johannisbrotkernmehl

Für die Pfifferlinge

200 g Pfifferlinge

1 TL Kokosöl

½ Zwiebel

2 Knoblauchzehen

½ TL Rosmarinnadeln

½ TL Thymian, Salz, Pfeffer

HOLON

Schmorgurken sind ein wunderbar leichtes, nährendes und leckeres Gericht. Ich esse sie gerne, denn sie wirken basisch im Körper, gleichen Flüssigkeitsmangel aus und sind voller Antioxidantien, Vitamine und Mineralstoffe – kurzum ein ideales Anti-Aging-Food.

Für die Schmorgurken

Schäle, entkerne und schneide die Gurke in kleine Stücke, stelle sie beiseite. Gib das Mandelmus und das Wasser zusammen mit dem Senf, Salz und Pfeffer in den Mixer. Gut durchmixen. Gib dann die Mixtur mit den Schmorgurken in eine große Pfanne. Lass alles auf mittlerer Stufe für ca. 10 Minuten köcheln und füge dann die Senfkörner und das Johannisbrotkernmehl hinzu, damit es die richtige Konsistenz bekommt. Lass es noch mal für 5 Minuten köcheln. Nimm die Pfanne vom Herd und streue die klein geschnittene Petersilie hinzu.

Für die Pfifferlinge

Bürste die Pfifferlinge gut ab und halbiere sie. Gib das Kokosöl in die Pfanne und dünste die kleingehackte Zwiebel und den Knoblauch an. Gib dann die Pfifferlinge mit den Rosmarinnadeln und dem Thymian dazu. Schmecke alles mit Salz und Pfeffer ab und gib es über die Schmorgurken.

TIPP

Wenn Du kein Mandelmus hast, kannst Du es durch Cashewmus oder 1 Packung veganer Kochsahne ersetzen.

Aufbruch

Rohkostsushi

**Für 2 Personen,
Dauer ca. 45–50 Minuten**

Für das Sushi

½ Blumenkohl

2 EL Mandelmus

50 g Chiasamen

70 ml Wasser

4 Nori-Blätter

½ Gurke

2 Karotten

1 Avocado

1 rote Paprika

4–5 Radieschen

Mini grüner Spargel (optional)

Microgreens (optional)

Extras

Bambusmatte

Wasabi, Tamarisoße

Sesamsamen, geröstet

Dieses Sushi ist so leicht und so lecker, dass man gar nicht genug davon machen kann. Ohne herkömmlichen Reis mit leeren Kohlehydraten, versorgt Dich dieses Gericht mit dem Sushireis aus Blumenkohl und Chiasamen mit Vitaminen, Mineralstoffen, Pflanzenstoffen und Omega-3-Fettsäuren. Zudem schützt es vor oxidativem Stress und bekämpft Entzündungen. Du fühlst Dich nach diesem Essen so leicht und trotzdem voller Power, dass Du Bäume ausreißen könntest.

Für das Rohkostsushi

Den gewaschenen Blumenkohl in mittelgroße Stücke schneiden und auf der Pulstaste im Mixer zu Reis verarbeiten. Den Reis in eine Schale umfüllen, mit Mandelmus und etwas Salz vermischen.

Die Chiasamen mit Wasser vermengen und quellen lassen. Die Gurke, die Karotten, die Avocado, die Paprika und die Radieschen in mittel-dünne Scheiben schneiden. Die Nori-Blätter mit der stumpfen Seite nach oben längs auf das untere Ende der Bambusmatte legen. Die Hände befeuchten und den Blumenkohl- oder den Chiareis darauf verteilen, bis ca. 2–3 cm vor Ende der Matte. Die Gemüsestreifen in die Mitte legen und von hinten alles langsam einrollen. Die feuchten Finger versiegeln die Kante oben, damit es gut zusammenklebt. Mit einem scharfen Messer alles in mundgerechte Stücke schneiden und genießen.

Serviere das Sushi auf einer schönen Platte und gib die Tamarisoße mit den gerösteten Sesamsamen in ein kleines Schälchen.
Das Wasabi ebenfalls in einem kleinen Schälchen servieren.

TIPP

Du kannst die Sushirollen mit allem füllen, was Dir schmeckt. Für das beste Geschmackserlebnis passt eine Kombination aus hartem und weichem Gemüse.

WEEG

Umkehr

Chinakohl

ÜBERBACKEN

**Für 2 Personen,
Dauer ca. 25 Minuten**

1–2 Zwiebeln

2 Knoblauchzehen

1 rote Paprika

etwas Kokosöl

2 ½ EL Mandelmus

500 ml Wasser

2 EL Gemüsebrühe

1 Chinakohl

50 g Röstzwiebeln

50 g veganer Streukäse
  von Simply V

1 Bund frische Petersilie

Lauchzwiebeln

Dieses Gericht ist einfach perfekt, wenn Du etwas Nährendes am Abend brauchst. Chinakohl macht richtig satt, hat viel Vitamin C, B und Folsäure und ist in der richtigen Kombination ein wahrer Schlankmacher. Lecker runden die gerösteten Zwiebeln dieses Gericht optimal ab.

Für den überbackenen Chinakohl

Schneide die Zwiebeln, den Knoblauch und die Paprika klein. Glasiere die Zwiebeln und den Knoblauch in einer Pfanne mit etwas Kokosöl an. Gib das Mandelmus in Deinen Mixbehälter und fülle ihn mit dem Wasser auf. Gib die Gemüsebrühe dazu und mixe alles gut durch.

Wasche und halbiere den Chinakohl. Platziere ihn in der Auflaufform. Gib Deine Mandelmus-Wassermischung über den Chinakohl. Dann die angedünstete Zwiebel-Knoblauch-Mischung und die geschnittene rote Paprika hinzugeben. Toppe das Gericht mit Röstzwiebeln und Streukäse. Gib die Auflaufform für 25 Minuten bei 200 °C Umluft in den vorgeheizten Backofen. Schneide die Petersilie und die Lauchzwiebeln klein und nimm die Auflaufform aus dem Ofen. Toppe das Gericht mit der Petersilie und den Lauchzwiebeln und schneide den Chinakohl zum Servieren in mittelgroße Stücke.

TIPP

Du kannst das Mandelmus auch durch Cashewmus ersetzen. Rote Paprika ist verträglicher als gelbe und grüne Paprika, weshalb ich die rote für dieses Gericht bevorzuge.

KEFALUUN

Übergänge, Balance

Selleriepüree
MIT PILZEN IN BRAUNER SOSSE

**Für 2 Personen,
Dauer ca. 35–40 Minuten**

Für das Selleriepüree
1 Knollensellerie
Salz, Pfeffer

Für die Pilze
250 g Kräutersaitlinge
 (oder Pilze Deiner Wahl)
1–2 EL vegane Butter
Rosmarinnadeln
Thymian, Chili
Salz, Pfeffer
½ TL Pilzgewürz

Knollensellerie ist für mich der gesündeste Kartoffelersatz. Er begeistert mit wenig Kohlenhydraten, und liefert dafür um so mehr gute Bitterstoffe, die die Verdauung anregen, den Magen schützen und Blähungen entgegenwirken. So lässt er sich einfach kombinieren, ohne dass Du danach müde bist. Das perfekte Mittag- oder Abendessen – ohne Blähbauch.

Für das Selleriepüree
Wasche den Knollensellerie unter fließendem Wasser gut ab. Schneide das untere Ende und die Schale rundherum mit einem scharfen Messer ab. Dann schneide den Knollensellerie in Scheiben und dünste ihn. Püriere ihn im Mixer und schmecke ihn mit Salz und Pfeffer ab.

Für die Pilze
Bürste oder wasche die Pilze und schneide sie längs in Scheiben. Brate die Pilze mit veganer Butter in einer Pfanne an. Füge die restlichen Gewürze hinzu und brate weiter, bis die Pilze leicht braun sind. Stell sie in einer Schale beiseite und decke sie mit einem Deckel zu, damit die Pilze warm bleiben.

Weiter geht's auf der nächsten Seite ⟶

Für die braune Soße

2 Zwiebeln
2 EL Tomatenmark
2 TL Tamarisoße
½ TL Knoblauchpulver
1 TL Zwiebelpulver
200 ml pflanzliche Kochsahne
1 TL Ahornsirup
220 ml Wasser

Für die braune Soße

Schäle die Zwiebel und gib sie in den Mixer, um sie mit der Pulstaste zu zerkleinern. Gib nun die gehackte Zwiebel in die Pfanne, in der Du die Pilze gebraten hast, und dünste sie im Sud der Pilze. Gib dann Tomatenmark, Tamarisoße, Knoblauch-, Zwiebelpulver, Ahornsirup und das Wasser hinzu. Verrühre alles gut. Finalisiere die Soße mit der veganen Kochsahne. Lass sie für weitere 5 Minuten köcheln, dann schmecke ab und serviere alles auf einem Teller. Starte mit dem Selleriepüree, dann die Pilze und schließe mit der Soße ab.

TIPP

Achte darauf, dass der Knollensellerie bio ist – den geschmacklichen Unterschied kannst Du wahrnehmen.

LINZ

Spaghetti „Carbonara"
MIT KRÄUTERSAITLINGEN

**Für 4 Personen,
Dauer ca. 30–35 Minuten**

350 g Spaghetti

300 g Cashews, eingeweicht

2 ½ TL Gemüsebrühe

350 ml Pflanzenmilch

3 Zehen Knoblauch

1 EL Zitronensaft

2 ½ EL Hefeflocken

1 TL Kala Namak Salz

½ TL Räucherpaprika

1 TL Knoblauchpulver

Pfeffer

Für die Kräutersaitlinge

150 g Kräutersaitlinge

etwas Kokosöl, Chili, Salz, Pfeffer,
frischer Thymian und Petersilie

2 EL Shoyusoße

Kräutersaitlinge sind reich an Proteinen und den Vitaminen B3 und B5. In der Pfanne mit Thymian angemacht, ergänzen sie die Carbonara Pasta perfekt. Thymian ist antibakteriell und wirkt Magen-Darm-Beschwerden entgegen.

Für die Carbonara

Weiche die Cashews über Nacht ein, gieße das Wasser am Morgen ab oder koche sie kurz in Wasser ab. Koche die Spaghetti in gesalzenem Wasser. Gib dann die Cashews, die Gemüsebrühe, die Pflanzenmilch, den Knoblauch, Zitronensaft, die Hefeflocken, das Kala Namak-Salz, Räucherpaprika und das Knoblauchpulver sowie eine Prise Pfeffer in einen Hochleistungsmixer. Mixe alles auf höchster Stufe gut durch. Vermenge dann die Spaghetti mit der Soße und erwärme alles kurz im Topf oder in einer Pfanne.

Für die Kräutersaitlinge

Wasche oder bürste die Kräutersaitlinge. Schneide sie in Scheiben und gib etwas Kokosöl in einer Pfanne. Brate die Pilze mit etwas Chili, Salz, Pfeffer, Thymian und Shoyusoße an. Serviere die Pilze auf den Nudeln und runde das Gericht mit frisch geschnittener Petersilie ab.

TIPP

Wenn Du die Kalorienanzahl dieses Gerichts halbieren willst, nimm einfach eine Zucchini und drehe sie durch den Spirulizer zu Zucchinispaghetti. Mische die richtigen Spaghetti mit Zucchinispaghetti kurz im Topf und serviere sie mit der Soße. Wenn Du keinen rohen Knoblauch verträgst, brate ihn kurz an.

MAGMA

Mutter Erde – Terra Gaia

Spaghetti
MIT „FLEISCHBÄLLCHEN"

**Für 4–5 Personen,
Dauer ca. 1 Stunde
5 Minuten**

500 g Kamut Spaghetti

1 trockenes, altes Brötchen

3 kleine Zwiebeln

360 g veganes Hack
  (2 Packungen von Like Meat)

130 g Kichererbsenmehl

2 EL Tomatenmark

1 ½ EL Shoyusoße

3 TL Senf

4 EL Tapiokastärke

1 TL Räucherpaprika

½ TL Rauchsalz

Dieses Gericht bringt einen Hauch Italien in Deine Küche – super-fruchtige Tomatensauce und leckere Fleischbällchen auf unser aller Lieblingsgericht – Spaghetti! Kamut ist eines der ältesten Getreide der Welt und auch für glutensensible Menschen verträglich.

Für die Spaghetti

Koche die Spaghetti in gesalzenem kochendem Wasser. Gib ein trockenes Brötchen in lauwarmes Wasser und lasse es ca. 15 Minuten aufweichen. Danach drücke das Wasser wieder aus. Zerkleinere erst die Zwiebeln und dann das Hack im Hochleistungsmixer auf der Puls taste. Gib die zerkleinerten Zwiebeln, das Hack, das aufgeweichte, ausgedrückte Brötchen, das Kichererbsenmehl, das Tomatenmark, die Shoyusoße, den Senf, die Tapiokastärke, die Räucherpaprika und das Rauchsalz in eine Schüssel. Massiere die Masse gut durch und forme kleine Bällchen. Heize den Ofen auf 180 °C Ober-/Unterhitze vor. Lege die Bällchen auf ein mit Backpapier ausgelegtes Backblech, bestreiche sie mit Olivenöl und schiebe sie in den Ofen. Nach 15 Minuten wenden, wieder mit etwas Öl bestreichen und nochmal für 15 Minuten zurück in den Ofen damit. Den kannst Du jetzt ausstellen. Lass die Bällchen mit geöffneter Ofentür noch etwas liegen, damit sie warm bleiben, bis die Pasta serviert wird.

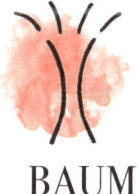

BAUM

Weiter geht's auf der nächsten Seite →

Für die Tomatensoße

6 mittelgroße Tomaten

2 kl. Zwiebeln

etwas Kokosöl

690 ml Tomatenpassata

½ TL Ahornsirup

frischer Oregano

½ TL Knoblauchpulver

Salz, Pfeffer

Basilikumblätter, klein-
geschnitten (optional)

1 TL Chimichurri Gewürz
(optional)

Für die Tomatensoße

Entferne den Strunk der Tomaten. Koche die Tomaten in Wasser, bis sich die Schale von ihnen löst. Gieße das Wasser ab und schrecke sie mit kaltem Wasser ab. Ziehe dann die Schale von den Tomaten ab. Schneide die Zwiebeln in kleine Würfel, gib sie in einen mit Kokosöl ausgestrichenen Topf und dünste sie kurz an. Gib jetzt das Tomaten-fleisch dazu und dünste es ebenfalls kurz an. Füge als Nächstes die Tomatenpassata, den Ahornsirup, das Knoblauchpulver und den Oregano hinzu und schmecke alles mit Salz und Pfeffer ab. Püriere die Masse mit einem Stabmixer kurz pulsierend durch, sodass sie noch etwas stückig bleibt.

Gieße die Pasta ab und gib ein paar Tropfen Olivenöl hinein. Schüttle sie kurz durch und serviere die Pasta, die Soße und die Bällchen auf einem schönen Teller.

TIPP

Das Hack ist hier entscheidend – wenn Du sehr weiches veganes Hack kaufst, werden die Bällchen entsprechend weicher, mit einem „härte-ren" Hack etwas bissfester.

Freier Flug

Vegane spanische Tortilla
MIT KRÄUTERSOSSE & PESTO

**Für 2 Personen,
Dauer ca. 45 Minuten**

Für die Tortilla
1 kg Kartoffeln

200 g Zwiebeln

2 Zehen Knoblauch

200 g Kichererbsenmehl

500 ml Wasser

1 Msp. Kurkuma

½ TL Kala Namak

Kreuzkümmel

1 Msp. Paprika

½ TL Knoblauchpulver

½ TL Zwiebelpulver

Salz, Pfeffer

Ich liebe Kräuter! Sie haben so viel Power und ich fühle, dass durch sie so viel Heilung geschieht. Sie stecken voller Lebensenergie und geben sie an uns weiter. Diese Soße ist schnell gemacht und so lecker. In Kombination mit Pesto ist sie ein Traum. Die typische spanische Tortilla schmeckt auch ohne Ei, und ist leichter zubereitet, als Du denkst. Die Kräutersoße ist vollgepackt mit Vitaminen, Mineralien, Spurenelementen und vor allem Chlorophyll. Die Kartoffeln erden Dich, und die Kräuter in der Kräuter Soße öffnen Dein Herzchakra und versorgen Dich mit einer Menge Mikronährstoffen.

Für die Tortilla

Schäle die Kartoffeln und schneide sie in kleine Würfel, dünste oder koche sie. Schütte das Wasser ab. In einer separaten Pfanne glasierst Du die Zwiebeln und den Knoblauch.

Nimm die Pfanne vom Herd und gib die Kartoffeln dazu – gut vermengen. Schau, dass die Pfanne groß genug und antihaftbeschichtet ist, da wir in dieser Pfanne die Tortilla machen wollen. Mische nun das Kichererbsenmehl, das Wasser und die Gewürze Kurkuma, Kala Namak, Kreuzkümmel, Paprika, Knoblauch- und Zwiebelpulver, Salz und Pfeffer in einer separaten Schüssel. Gib die Mischung in die Pfanne mit den Zwiebeln und den Kartoffeln. Alles gut vermengen und bei mittlerer Hitze 8–12 Minuten braten, bis die Ränder braun sind. Halte einen pfannengroßen Teller über die Tortilla und wende sie. Brate sie dann nochmal 5–8 Minuten von der anderen Seite an. Schließlich kannst Du sie noch mal mit dem Teller über der Pfanne wenden und servieren.

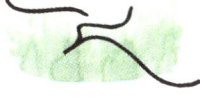

ELF

Weiter geht's auf der nächsten Seite ⟶

Für die Kräutersoße

¾ Bund „Frankfurter Kräuter"
(Sauerampfer, Schnittlauch,
Pimpinelle, Kresse, Petersilie,
Kerbel, Borretsch)

1 Lauchzwiebel

500 g Pflanzenjoghurt
(ungesüßt)

2 EL Senf

Salz, Pfeffer

Saft von ½ Zitrone und Schale

Für das Pesto

¼ Bund der Frankfurter Kräuter

50 g geröstete Pinienkerne

ein Schuss Zitrone

½ Knoblauchzehe

Salz, Pfeffer

Für das Topping

Saure Sahne von Soyana

Für die Kräutersoße

Wasche die Kräuter. Schneide die Lauchzwiebel in kleine Scheiben.

Mixe dann die Kräuter, den Pflanzenjoghurt, den Senf, Salz und Pfeffer in einem Hochleistungsmixer.

Gib den Zitronensaft, den Zitronenabrieb und die Lauchzwiebeln dazu. Sanft mit einem Löffel umrühren und abschmecken.

Für das Pesto

Gib alle Zutaten für das Pesto in einen kleinen Mixbehälter und schmecke alles am Ende mit einem Spritzer Zitrone, Salz und Pfeffer ab.

Toppe die Tortilla mit veganer saurer Sahne von Soyana und dem Pesto und genieße die Verschmelzung von Himmel und Erde.

TIPP

Koche oder dünste die Kartoffeln am Vortag und stelle sie über Nacht in den Kühlschrank. Durch diesen Prozess sparst Du Kalorien und Dein Darm erhält wichtige Ballaststoffe, die Deine guten Darmbakterien füttern.

KIRSTIN

Glück, Hoffnung

Pizza „Hollandaise"

MIT BLUMENKOHLBODEN

**Für 2 Personen,
Dauer ca. 55 Minuten**

Für den Teig

550–600 g Blumenkohlröschen

6 EL Leinsamen (helle bevorzugt)

70 g Bananenmehl von Govinda

7-8 EL Wasser

1 ½ TL Knoblauchpulver

¾ TL Salz

1 TL Knoblauch Aioli

Gewürzmischung oder Oregano

Der Boden dieser Pizza ist so fluffig und unfassbar lecker, und man kann ihn ohne Reue genießen. Obwohl man den Blumenkohl gar nicht rausschmeckt, sind wir bestens genährt durch seine Vitamine, Mineralien und Antioxidantien, dass wir uns nach dieser Pizza einfach leicht, glücklich und rundum wohlfühlen. Das Trytophan in den Cashews und im Bananenmehl unterstützen diese Wirkung, da es im Körper zum Glückshormon Serotonin umgewandelt wird.

Für den Teig

Dünste die Röschen des Blumenkohls, bis sie weich sind. Mahle in der Zwischenzeit die Leinsamen im Mixer fein und mische sie mit dem Bananenmehl. Gib dann das Wasser und die restlichen Gewürze zu der Leinsamen-Bananen-Mehl-Mischung. Heize den Ofen auf 180 °C Ober-/Unterhitze vor. Gib den Blumenkohl in einen Mixer und mixe ihn mit der Pulstaste zu feinem „Reis". Lass die Mischung abkühlen. Dann gibst Du sie in einen Nussmilchbeutel oder in ein sauberes Geschirrhandtuch und drückst die Flüssigkeit gut aus. Gib anschließend den Blumenkohl zu der vorbereiteten Mehlmischung und knete ihn sanft unter. Drücke den Teig auf einem mit Backpapier ausgelegtem Backblech gut aus.

Schiebe das Blech in den Ofen und backe es für ca. 15 Minuten.

Weiter geht's auf der nächsten Seite →

Für die Sauce Hollandaise

100 g Cashews (über Nacht eingeweicht)

½ TL Kurkuma

1 TL Zitrone

½ TL Senf

1 TL Knoblauchpulver

½ TL Kala Namak

1 TL Zwiebelpulver

3 TL Hefeflocken (optional)

150 ml Wasser

3 mittelgroße Tomaten

veganer Streukäse von Simply V

1 Handvoll Blattspinat

Für die Hollandaise

Bereite in der Zwischenzeit die Sauce Hollandaise zu. Spüle die Cashews ab, oder, falls Du sie nicht über Nacht eingeweicht hast, koche sie kurz für ca. 5 Minuten in Wasser. Mixe dann die abgespülten Cashews, Kurkuma, Senf, Knoblauchpulver, Kala Namak, Zwiebelpulver, Hefeflocken und das Wasser im Hochleistungsmixer auf höchster Stufe zu einer schönen Soße.

Nimm den Pizzaboden aus dem Ofen und bestreiche ihn mit der Soße. Schneide die Tomaten in feine Scheiben, bedecke damit ebenfalls den Pizzaboden und streue über alles den veganen Streukäse. Schiebe die Pizza für weitere 20–25 Minuten zurück in den Ofen. Belege die fertig gebackene Pizza mit frischen Spinatblättern.

TIPP

Falls Du kein Bananenmehl bekommst, kannst Du Kichererbsenmehl verwenden.

SANDYL

Kosmische Begleiter

Tomaten—Artischocken—
FENCHEL-POTPOURRI AUS DEM OFEN

Für 2 Personen,
Dauer ca. 50 Minuten

1 Fenchel

300–350 g Artischocken

4–5 Tomaten

500 ml Wasser

2 TL Gemüsebrühe

3 TL Thymian

2,5 TL Kräuter der Provence

3 TL oder 2 getrocknete
Zweige Rosmarin

Veganer Fetakäse

Dies ist mein absolutes Lieblingsgericht für den Abend. Es ist optimal verdaulich und gleichzeitig wärmend und leicht. Inspiriert haben mich meine Eltern, wofür ich ihnen sehr dankbar bin. Das Potpourri ist fast ölfrei und durch die Artischocke sehr gut für die Verdauung sowie für Leber und Galle. Fenchel unterstützt die verdauungsfördernden Eigenschaften und mit Thymian und Rosmarin wirkt es antientzündlich, antibiotisch und antiviral.

Für das Potpourri

Heize den Ofen auf 180 °C Umluft vor. Entferne die Stängel am oberen Ende und den Strunk vom Fenchel, indem Du ihn halbierst und den unteren Teil des Strunks vorsichtig rausschneidest. Schneide ihn dann längs in Streifen. Gieße das Öl der Artischocken ab und halbiere sie. Wasche die Tomaten und halbiere sie ebenfalls. Gib alles in eine Auflaufform. Vermische das Wasser mit der Gemüsebrühe und gib es mit in die Auflaufform sowie den Thymian, die Kräuter der Provence und den Rosmarin. Schiebe die Auflaufform für ca. 35-40 Minuten in den Ofen. Schneide den veganen Fettkäse in kleine Würfel und streue ihn 10 Minuten, bevor das Potpourri fertig gegart ist, darüber. Nimm die Auflaufform vorsichtig raus, dekoriere das Essen mit dem Fenchelgrün und serviere es auf einem schönen Teller.

TIPP

Dieses Gericht ist optimal kombiniert und gibt dank der Kräuter und dem Fenchel einem Blähbauch keine Chance. Wenn Du keinen Fenchel hast, kannst Du auch Zucchini und Oliven nehmen. Die reine Vorbereitungszeit beträgt nur ca. 10 Minuten.

LEMPO

Antrieb, neuer Schwung

Mairüben–Artischocken–
PÜREE MIT BLUMENKOHL-SAFRAN-STEAK

Für 2–3 Personen,
Dauer ca. 55 Minuten

Für das Mairüben-Artischockenpüree

2 Mairüben

½ kleinen Bio-Blumenkohl

5 Artischocken aus dem Glas
   oder aus der Dose

2 Zwiebeln, etwas Kokosöl

Für das Blumenkohlsteak

½ kleinen Bio-Blumenkohl

Salz, Vegane Butter, Kurkuma,
Safranfäden, Pfeffer, Chili

Für das Blumenkohlpesto

Bio Blumenkohlblätter

ca. 50–60 ml Olivenöl

Salz, Pfeffer

Saft von einer ¼ Zitrone

¼ Knoblauchzehe

RITTEL

Dieses Gericht ist leicht verdaulich und lecker. Artischocken stärken Deine Leber und Galle und Mairüben stecken voller Eisen, Zink und Calcium. Die Blätter des Blumenkohls kannst Du mitessen, somit hast Du ein Zero-Waste-Gericht voller Antioxidantien.

Für das Mairüben-Artischockenpüree

Schäle die Mairüben und wasche den Blumenkohl. Dünste oder koche die Mairüben, den Blumenkohl und die Artischocken weich. Schneide die Zwiebeln in grobe Würfel und röste sie in einer Pfanne mit etwas Kokosöl an. Mixe die gerösteten Zwiebeln, den Blumenkohl, die Mairüben und die Artischocken im Hochleistungsmixer zu einem Pürree.

Für das Blumenkohlsteak

Lass den Strunk am Blumenkohl dran, so kannst Du ihn am einfachsten in Scheiben schneiden. Salze die Blumenkohlscheiben von beiden Seiten gut ein, indem Du das Salz großflächig mit Deinen Fingerspitzen in die Oberfläche einreibst. Lasse sie 5 Minuten ziehen. Heize den Ofen auf 200 °C vor. Brate sie nun in einer mit Kokosöl eingestrichenen Pfanne von jeder Seite gut an. Gib vegane Butter in die Pfanne und Kurkuma, Pfeffer, Chili und Safranfäden auf die Blumenkohlscheiben. Stelle alles für ca. 15 Minuten in den Ofen. Ab und an wenden, bis die Steaks weich und gar sind.

Für das Blumenkohlpesto

Wasche die Blätter und trockne sie gut ab. Gib die restlichen Zutaten in den Mixer und mixe es auf höchster Stufe zu einem cremigen Pesto. Platziere zuerst das Püree auf dem Teller, dann das Blumenkohlsteak. Abschließend gibst Du das Pesto darüber, garniert mit Safranfäden und Chili.

Die Klangform

Regenbogen–
RAMENSUPPE

**Für 4 Personen,
Dauer ca. 45 Minuten**

Für die Ramensuppe

2 Zwiebeln

2 Knoblauchzehen

1 Zitronengrasstange

1 mittelgroßes Stück Ingwer

1 TL Gemüsebrühe

700–800 ml Wasser

Sesamöl

3 EL Bio-Gersten-Miso

150 g Shiitakepilze

200 g Austernpilze

2 EL Shoyusoße

Diese japanische Ramen-Suppe ist absolut köstlich und einfach zubereitet. Die Kombination aus rohen Zutaten und gekochter Brühe nährt und wärmt Dich von innen mit einer Vielzahl von Enzymen, die Dich verjüngen und rundum gesund machen. Shiitakepilze stärken das Immunsystem und Austernpilze regulieren den Cholesterinspiegel. Die Farben des Regenbogens, die in den rohen Zutaten stecken, erwecken alle Deine Zellen und stimulieren fast jedes Chakra. Du fühlst Dich nach diesem Gericht unglaublich leicht und voller Energie.

Für die Ramensuppe

Schäle die Zwiebel und den Knoblauch und schneide sie in kleine Stücke oder zerkleinere sie im Hochleistungsmixer. Entferne die äußere Haut vom Zitronengras und vom Ingwer und schneide beides in grobe Stücke. Gib etwas Sesamöl zusammen mit dem Knoblauch und den Zwiebeln in die Pfanne. Dünste alles kurz an und gib für etwa 8 Minuten 100 g Shiitakepilze dazu, bis sie goldbraun sind. Gib dann die Zwiebel-Knoblauch-Shiitake-Mischung mit dem Ingwer, dem Zitronengras, dem Gersten-Miso, der Gemüsebrühe und etwa 700–800 ml Wasser in den Hochleistungsmixer. Mixe auf höchster Stufe, bis alles ganz fein ist. Stelle die fertige Brühe beiseite. Dünste nun die Austernpilze mit 50 g der Shiitakepilze, etwas Sesamöl und einem Schuss Shoyusoße in einer Pfanne, bis sie ebenfalls gut durch sind.

Weiter geht's auf der nächsten Seite →

250 g gebackener Tofu

1 l Wasser

Mungbohnennudeln
  oder Glasnudeln

Für das Topping

4 Baby-Pak Choi

2–3 Karotten

200 g Mungbohnensprossen

100 g Zuckerschoten

1 Bund Frühlingszwiebeln

Sesam schwarz oder weiß

1 Packung Röstzwiebeln

Stelle die Pilze beiseite und brate nun den gebackenen Tofu ebenfalls mit etwas Sesamöl in der Pfanne an. Gib die Tofuwürfel und die Brühe in einen mittelgroßen Topf und erwärme die Ramensuppe. Bringe dann 1 l Wasser zum Kochen. Gib Deine Mungbohnen oder Glasnudeln in eine Schale und übergieße sie mit kochendem Wasser. Lass diese für ca. 10 Minuten ziehen und gieße das restliche Wasser ab. Stelle die Nudeln bei Seite.

Für das Topping

Wasche den Pak Choi und schneide ihn längs in vier gleichgroße Teile oder halbiere ihn. Dann dünste ihn für 6–7 Minuten oder erwärme ihn mit in der Suppe. Achte darauf, dass er seine leuchtend grüne Farbe behält. Raspele die Karotten in feine Streifen. Wasche die Mungbohnen, die Zuckerschoten und die Frühlingszwiebeln, die Du dann in in kleine Stücke schneidest. Röste den Sesam an.

Serviere nun Deine Ramensuppe in einer schönen Schale. Gib am besten zuerst die Nudeln in die Schale, dann die Pilze, dann den Pak Choi, und dann die restlichen Toppings. Genießt diese Suppe und fühlt Euch wunderbar!

TIPP

Die Zutaten für die Ramensuppe bekommst Du am einfachsten im Asia-Shop Deines Vertrauens. Du kannst auch einige Toppings weglassen oder ersetzen.

OCHELIION

Meditation, Bewusstseinserweiterung

Gefüllte Nudeltaschen
AUF TOMATENSOSSE

**Für 4 Personen,
Dauer ca. 1 Stunde**

Für die Nudeltaschen

200 g Nudelmuscheln

1 große Gemüsezwiebel

200 g Champignons

200 g Blumenkohl

2 Knoblauchzehen

200 g frischer Spinat

Salz, Pfeffer

Paprika

Kreuzkümmel

3 EL Mandelmus

½ TL Senf

Zitronensaft und Schale

Knoblauchpulver

Zwiebelpulver

300 ml Wasser

50–100 g veganer Streukäse
  von Simply V

In diesem Gericht steckt eine Menge Gemüse, ohne dass man es schmeckt. Es ist das perfekte Gericht für Kinder, die kein Gemüse mögen oder für Gäste, denen Du etwas Gesundes, aber auch Leckeres servieren willst. Auf jeden Fall ein Gewinner-Gericht.

Für die Nudeltaschen

Koche die Nudelmuscheln in Salzwasser und mit etwas Olivenöl – damit sie nicht verkleben –, bis sie al dente sind. Zerkleinere zwei Zwiebelhälften im Hochleistungsmixer mit der Pulstaste. Verfahre ebenso mit den Champignons und dem Blumenkohl, sodass eine Art Blumenkohl-Champignon-Reis-Mischung entsteht. Dadurch sparst Du beim Kochen enorm Zeit. Gib die Hälfte der Zwiebeln aus dem Mixbehälter in eine Pfanne und dünste sie mit den zerkleinerten Knoblauchzehen an. Füge den Spinat hinzu und dünste ihn ebenfalls.

Die zweite Hälfte Zwiebeln dünstest Du in der Pfanne mit der Champignon-Blumenkohlmischung.

Würze die Mischung mit Salz, Pfeffer, Paprika und Kreuzkümmel.

Gib das Mandelmus, den Senf, ein paar Spritzer Zitrone, Salz, Knoblauch-, Zwiebelpulver, Zitronenschale, Kreuzkümmel, Paprika und 300 ml Wasser in einen Mixbehälter. Mixe alle Zutaten gut durch, gib die Mischung zum Spinat und koche alles kurz auf.

Weiter geht's auf der nächsten Seite ⟶

Für die Tomatensoße

600 g passierte Tomaten

Oregano

Basilikum

1 TL Ahornsirup oder 1 Dattel

Salz, Pfeffer

1 kleine Knoblauchzehe
  (optional)

Für die Tomatensauce

Vermenge 600 g passierte Tomaten, Oregano, Basilikum, Ahornsirup, Salz, Pfeffer und 1 Knoblauchzehe (optional).

Bedecke nun den Boden der Auflaufform mit der Tomatensauce, platziere die Nudelmuscheln darauf und fülle sie mit der Blumenkohl-Champignon-Mischung. Gib die Spinatmischung darüber.
Top it up mit veganem Streukäse. Gib die Auflaufform für ca. 35–40 Minuten in den Ofen bei 200 °C Umluft.

TIPP

Das Rezept funktioniert genauso gut mit glutenfreien Nudelmuscheln. Die Champignons kannst Du gegen Shiitakepilze ersetzen.

Falls Du keine Nudelmuscheln bekommst, kannst Du das Rezept genauso gut mit Cannelloni machen. Fülle dazu einfach die Cannelloni mit der Champignon-Blumenkohlmischung, toppe es mit der Spinatmischung und dem veganen Streukäse.

MERT

Desserts

Ich bin ein absoluter Nachtisch-Liebhaber – vor allem, wenns um Mousse aller Art, um Eis und Sahne geht! Meine Nachspeisen lassen sich alle sehr gut intuitiv zubereiten und abwandeln. Dabei ist Dein Hochleistungsmixer ein unerlässliches Tool.

Nicecream ist so einfach und schnell zu machen und eine wunderbare Basis, um sie in ganz unterschiedlichen Geschmacksrichtungen zu genießen. Außerdem findest Du in diesem Kapitel ein gesundes Schoko- und Mango-Mousse mit wenigen, aber heilbringenden Zutaten. Auf Industriezucker verzichte ich komplett und zeige Dir stattdessen gesunde Alternativen.

Allerdings durfte ich feststellen, dass Backen nicht so intuitiv ist wie Kochen. Daher habe ich für dieses Kapitel etwas länger herumprobiert. Backen ist tatsächlich eine andere Disziplin, die genaueres Abmessen und Abwiegen erfordert, damit sich die Zutaten so ausbacken, wie sie sollen.

Die Cookies halten sich über mehrere Tage in einem Glas, sodass Du jederzeit einen leckeren Snack im Regal hast.

Die Liebe ist auch hier in jedes Rezept geflossen, und es sind schöne Kreationen entstanden, in denen sich sogar mal Süßkartoffeln wiederfinden. Konventionelles Mehl hat sich für mich nie gesund angefühlt, weshalb ich gerne auf nährstoffreichere, glutenfreie Alternativen zurückgreife, die dennoch nichts an Geschmack einbüßen – im Gegenteil.

Mit den Symbolen gesegnet, führen Dich diese Gerichte tiefer in die Verwurzelung und Erdung. Sie helfen Dir bei der Entfaltung und dabei, die göttliche Liebe zu spüren, die Dich immer umgibt.

Nicecream

MIT SAHNE & ERDBEEREN

**Für 2 Personen,
Dauer ca. 15 Minuten**

Für die Nicecream

3 gefrorene Bananen (in Scheiben)
Vanillepulver
100 ml Pflanzenmilch
Kakaonibs (optional)

Für die vegane Sahne

Kichererbsenwasser
  (aus dem Glas und bio)
1 Packung Sahnsteif
Kokosblütenzucker
Zitronenabrieb, Vanille

Für das Topping

100 g Erdbeeren, Kokoschips,
  frische Minze

Nicecream ist nicht nur nett, sondern wirklich lecker und viel gesünder als herkömmliches Eis: Die Basis für dieses Rezept sind gefrorene Bananen, die dem Darm als Präbiotika dienen, das heißt: Auch die „guten" Darmbakterien haben sie zum Fressen gern und sorgen dank der Präbiotika für eine gesunde Darmflora. Flavonoide und Antioxidantien stärken das Immunsystem und wirken stressbedingten Krankheiten entgegen.

Für die Nicecream

Für dieses Rezept brauchst Du einen Hochleistungsmixer. Gib die gefrorenen Bananen, das Vanillepulver und die Pflanzenmilch in den Mixbehälter. Mixe alles auf langsam ansteigender Stufe und nimm den Stampfer zur Hilfe, um das Mixgut nach unten zu drücken. Je nach Geschmack kannst Du am Ende noch Kakaonibs dazugeben, dann hast Du eine gesunde Stracciatella-Nicecream.

Für die vegane Sahne

Kichererbsenwasser in einen Mixbehälter umfüllen und mit dem Stabmixer auf höchster Stufe aufschlagen. Wenn der „Schnee" weiß ist, das Sahnsteif dazugeben und mit Kokosblütenzucker, Zitronenabrieb und Vanille ausbalancieren.

TIPP

Du kannst Deine Nicecream mit verschiedenen Superfoodpulvern verfeinern, z. B. Spirulina, Pink Pitaya oder Blue Spirulina. Besonders Kinder lieben es, wenn ihr Eis farbenfroh daher kommt, und nebenbei ist es noch supergesund. Wie Du die vegane Sahne mit einer Soyana Bio-Mandel-Schlagcreme herstellst, findest Du im Tipp auf Seite 165.

ELEMI

Verwurzelung, Erdung

Schokomousse
MIT VEGANER SAHNE

Für 2 Personen,
Dauer ca. 15 Minuten

340 g Seidentofu, oder
  340 g Avocado
150 g vegane Schokolade
6 kleine Datteln
2 TL Ahornsirup
4 TL Rohkakaopulver
¼ TL Vanillepulver

Für die vegane Sahne
1 Packung Kokosmilch
etwas Ahornsirup und Vanille
1 Msp. Johannisbrotkernmehl

Für das Topping
Rohe Kakaonibs
Haselnusssplitter

REDE

Für alle Schokofans gibt es dieses leckere Schokomousse. Rohkakao öffnet das Herzchakra und verbindet Dich mit dem Spirit von Mutter Erde, wenn Du Deine Mousse bewusst zubereitest und genießt. Datteln sind kleine Kraftpakete, die diese Mousse natürlich süßen und Deinen Blutzuckerspiegel konstant halten.

Für die Schokomousse

Schmelze die Schokolade im Wasserbad. Gib den Seidentofu oder die Avocado mit den Datteln, der Vanille und dem Rohkakaopulver in den Mixer. Mixe alles gut durch und gib die geschmolzene Schokolade dazu. Wieder mixen und das Mousse in Schalen portionieren. Stelle die Mousse mindestens 1-2 Stunden kühl, bevor Du sie servierst.

Für die vegane Sahne

Stelle die Packung Kokosmilch über Nacht kühl. Schöpfe dann den festen Teil ab und verfeinere ihn mit Ahornsirup, Vanille und einer Messerspitze Johannisbrotkernmehl.

Für das Topping

Toppe die Mousse mit rohen Kakaonibs und Haselnusssplittern. Besonders lecker sind sie, wenn Du sie kurz in der Pfanne vorher anröstest.

TIPP

Wenn Du kein Soja verträgst, ersetze den Seidentofu durch die gleiche Menge Avocados und erhöhe die Menge des Ahornsirups auf 4 TL. Für die vegane Sahne kannst Du auch Soyana Bio-Mandel-Schlagcreme verwenden. Verfeinere diese mit etwas Ahornsirup und Vanille.

Göttliche Liebe

Mangomousse

**Für 2 Personen,
Dauer ca. 6 Minuten**

Für die Mousse

1 Mango, frisch oder
  200 g gefroren

4 EL Chiasamen

4–7 Datteln, je nach Größe

1 EL Flohsamenschalen

2 EL Baobab (optional)

100 ml Wasser

Für das Topping

z. B. Maulbeeren, Hanfsamen,
Blaue Spirulina, Rohe Kakaonibs,
essbare Blüten, Minze

Mangos sind ein echtes Powerfood. Sie enthalten neben sekundären Pflanzenstoffen mehr als 10 Vitamine sowie Carotinoide und Beta-carotin. Datteln, Chiasamen, Flohsamenschalen und Baobab geben dem Ganzen die richtige Textur und eine extra Portion Omega-3-Fettsäuren, Zink, Magnesium, Antioxidantien, Ballaststoffe und vieles mehr. Ein superleckeres und gesundes Dessert in nur 6 Minuten.

Für das Mangomousse

Gib alle Zutaten in einen Hochleistungsmixer und mixe sie auf höchster Stufe gut durch. Schmecke mit einem Teelöffel ab und füge gegebenenfalls eine Dattel mehr dazu, falls Du es süßer magst.

Für das Topping

Toppe die Mousse mit Deinen Lieblings-Superfoods. Am besten passen „crunchy" Toppings.

TIPP

Wenn Du Mango nicht verträgst oder magst, kannst Du sie durch Pfirsiche, Nektarinen oder Aprikosen ersetzen. Tausche dafür einfach die Mango durch dieselbe Menge Deiner Wunschfrucht aus.

WAXA

Schamanenreise

Süsskartoffel-Brownies

**Für 4 Personen,
Dauer ca. 55 Minuten**

Für die Brownies

450 g Süßkartoffeln

150 g gekeimter Buchweizen
oder Hafer, ganz

2 EL Chiasamen

3 EL Wasser

150 g Backschokolade

200 ml Pflanzenmilch

5 EL Kakaopulver

1 Banane

2 TL Backpulver

2 TL Vanillepulver oder -extrakt

½ TL Zimt

4 TL Kokosblütenzucker

3 EL Kakaonibs

Für die Schokosoße

4 TL Kokosöl, 3-4 TL Kakao
Ahornsirup, Vanillepulver

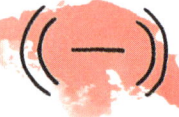

LAGER

Süßkartoffeln im Dessert? Passt perfekt, da sie viele Antioxidantien, Ballaststoffe, Vitamine A, C, E und Betacarotin haben. Verbacken in einem Brownie mit Chiasamen, die Omega-3-Fettsäuren enthalten, und gekeimtem Buchweizen, der Deine Mineralspeicher auffüllt und eine gesunde Alternative zu herkömmlichem Getreide ist. Dieser Brownie ist super saftig und so lecker wie er aussieht!

Für die Brownies

Süßkartoffel dünsten oder kochen. Den gekeimten Buchweizen oder den ganzen Hafer im Mixer zu Mehl verarbeiten. Die Chiasamen mit dem Wasser vermengen – das ersetzt die Eier. Die Backschokolade im Wasserbad schmelzen. Im Mixer alles zusammenmixen, inklusive der Süßkartoffeln, dem Buchweizenmehl bzw. Hafermehl, der Chiasamen-Wasser-Mischung, der geschmolzenen Backschokolade, der Pflanzenmilch, dem Kakaopulver, der Banane, dem Backpulver, Vanillepulver, Zimt und Kokosblütenzucker. Am Ende die Kakaonibs unterheben. Alles in eine Form geben und bei 200 °C Umluft für ca. 40 Minuten backen.

Für die Schokosoße

Dass Kokosöl in eine kleine Pfanne geben, dann den Kakao dazugeben und mit Ahornsirup und Vanillepulver finalisieren.

TIPP

Du kannst auch eine halbe Süßkartoffel gegen eine gekochte Rote Beete ersetzen. Besonders für Kinder geeignet, die nicht gerne Gemüse essen. Durch den gekeimten Buchweizen sind diese Brownies komplett glutenfrei.

Wenn die Backschokolade zuckerfrei ist, empfehle ich Dir, die Menge des Kokosblütenzuckers auf 9–10 TL zu erhöhen.

Entgiftung, Entstörung

Gesunde
„WHITE CHOC CHIP COOKIES"

**Für 4 Personen,
Dauer ca. 25 Minuten**

60 g Bananenmehl von Govinda

130 g Erdmandelmehl von
Govinda

15 g Kokosblütenzucker

½ TL Backpulver

1 Prise Salz

½ TL Natron

80 g Zedernüsse oder
Zedernussflocken

120 g vegane weiße Schokoladenchips

10 g Chiasamen

50 ml Wasser

70 g Apfelmus

160 g Mandelmus

Erdmandeln sind keine Nüsse und auch keine Mandeln. Sie gehören zur Familie der Sauergrasgewächse. Und sie sind supergesund! Sie nähren mit einem hohen Proteingehalt, schützen den Darm und die Blase. Bananenmehl hat einen niedrigen glykämischen Index und wirkt dadurch länger sättigend. Zedernüsse schützen Deine Zellen mit Vitamin E und geben zusammen mit den weißen Schokoladenchips einen leichten Crunch. So kannst Du gesund naschen.

Für die Cookies

Vermenge Bananenmehl, Erdmandelmehl, Kokosblütenzucker, Backpulver, Salz, Natron, die Zedernüsse und die weißen Schokoladenchips in einer großen Schüssel. Gib dann die Chiasamen mit dem Wasser in eine kleine Tasse und lasse sie kurz aufquellen. Füge die Chiasamen-Wasser-Mischung, das Apfelmus und das Mandelmus der großen Schüssel hinzu. Knete alles schön durch und forme kleine Kekse. Dann schiebst Du das mit Backpapier ausgelegte Gitter in den auf 200 °C Umluft vorgeheizten Ofen und lässt sie für ca. 10 Minuten gut durchbacken. Lasse sie kurz auskühlen, bevor Du sie vernaschst. Sie härten dadurch etwas aus.

TIPP

Wenn Du kein Erdmandelmehl hast, kannst Du einfach Buchweizenmehl verwenden, welches ebenfalls glutenfrei ist.

Die Kekse sind auch mit dunklen Schokoladenchips ein Genuss!

ELBA

ÜBER DIE AUTORIN

Katja Mathes ist gelernte Mediengestalterin. Unmittelbar nach der Ausbildung machte sie sich als Model selbstständig und arbeitete nebenbei freiberuflich in den Bereichen Vertrieb, Network, Akquise, Marketing, Massagetherapie, PR und Social Media in verschiedenen Unternehmen und für Einzelpersonen. Erfüllung fand sie darin nicht.

Sie beschäftigte sich mehr und mehr mit gesunder Ernährung, lernte autodidaktisch, welchen Einfluss Ernährung auf unsere Gesundheit hat, absolvierte Kurse im Bereich Rohkost, absolvierte Ausbildungen zur Fastenleiterin, Yogalehrerin, ganzheitlichen Gesundheitsberaterin und Heilerin. Dadurch wurde es ihr möglich, ihre chronische Migräne vollständig zu heilen.

Durch ihren weiteren eigenen Heilungsweg erkannte sie, dass das Bewusstsein für sich selbst und ein bewusstes Leben der Anfang ist für eine bewusste Verbindung zu unserer wahren Mutter – Mutter Erde – und allein dadurch eine Veränderung auf planetarischer Ebene möglich wird.

Heute hilft Katja Mathes Menschen, mit bewusstem Kochen, mit Yoga, Meditation, Mondritualen und Fasten wieder zurück zu sich selbst zu finden und zu heilen.

www.katjamathes.de

DANKSAGUNG

Dass dieses Buch nun in der Welt ist, ist für mich unglaublich, und ich bin unendlich dankbar für die Führung der Engel und der gesamten geistigen Welt.

Ich kann kaum in Worte fassen, wie dankbar ich aus tiefstem Herzen bin. Ich will es dennoch wagen: Diese Danksagung ist an alle Menschen gerichtet, die mich beim Entstehungsprozess des Buches so enorm unterstützt haben.

Danke an meine Familie, die immer für mich da ist, mir Halt gibt und während der Arbeit am Buch immer ein offenes Ohr hatte. Die mich schon früh mit ihrer Liebe zum Essen inspiriert hat.

Danke auch an meine Omi, die immer sehr kritisch mit den Fotos und den Texten war, was mich jedoch noch mehr angespornt hat, das Beste aus mir herauszuholen.

Danke an meinen Freund Ben, der mir den Glauben gegeben hat, dass ich ein Buch schreiben kann und mir vor Augen geführt hat, dass alles schon da ist, um loszulegen – die Ideen und Rezepte, ein Verlag und die Fotos –, und dass er mit mir an einem wunderschönen Frühsommertag einige Bilder für das Buch geshootet hat, inklusive des Titelbilds, das die Essenz des Buches so aufs Cover bringt, wie ich es mir erträumt habe.

Ich danke meiner Wegbegleiterin und Heilerin Sigrid, die mich energetisch unterstützt und bekräftigt hat, dieses Buch zu schreiben und die so unglaubliche Arbeit leistet, Menschen zu ihrem wahren Kern zurückzuführen und Traumata aufzulösen. Ich bin so dankbar, den Weg zu Dir gefunden zu haben, Sigrid.

Ich danke meiner lieben und langjährigen Freundin Janna, die mich in allen Belangen des Buches unterstützt hat, mir mit Rat und Tat zur Seite stand und mit ihren hellfühlenden Fähigkeiten die ausgependelten Symbole noch mal kontrolliert hat.

Ein großer Dank geht auch an meine liebe Freundin Sabrina, die ich zu jeder Tages- und Nachtzeit anrufen konnte, ob dieses Foto besser ist als jenes, ob sich der Text gut liest, und die mich einfach schon so lange kennt, wie keine andere, und mir geholfen hat, das Buch bestmöglich umzusetzen.

Ein Mensch, dem ich ebenfalls viel verdanke, ist mein langjähriger Freund Matthias, der mit mir super spontan alle fehlenden Fotos zum Buch nachträglich geshootet hat, und allen Bildern den nötigen Glanz verliehen hat.

Ein Dank von Herzen geht auch an Irlana, die meine Texte redigiert hat, was sich als größter Segen herausgestellt hat.

Und natürlich Danke an Martin Limarutti vom Limarutti Verlag, der, ohne mit der Wimper zu zucken und mit ganzem Herzen „Ja" gesagt hat zu meiner Idee. Und außerdem alle Hebel in Gang gesetzt hat, um das Buch auf holzfreiem Papier zu drucken.

Sehr, sehr dankbar bin ich auch für das ganze kreative Team, das so unermüdlich am Buchdesign, an den Illustrationen und an den Symbolen gearbeitet hat. Danke liebe Bernadett – Deine grafische Umsetzung hat meine Erwartungen weit übertroffen. Unermüdlich und liebevoll hast Du unzählige Korrekturschleifen hingenommen, dafür kann ich Dir gar nicht genug danken. Danke liebe Sarah – für Deine Geduld und danke liebe Nicole – für Deine Schnelligkeit und Deine Ideen! Wundervoll abgerundet hat das Buch Nicole mit ihrer Wortmagie und ihren hilfreichen Impulsen. Auch durch Euch ist dieses Buch so wunderschön geworden, und seine Botschaft trifft genau den Kern.

Schließlich danke ich der lieben Caro, die spontan eingesprungen ist und mir ein wunderschönes Make-up für die Shootings gezaubert hat. Danke liebe Laura, dass Du über die Texte geschaut hast. Danke lieber Marc, dass Du mir so selbstlos einige Deiner Bücher zur Inspiration für eine so lange Zeit ausgeliehen hast. Und danke von Herzen liebe Patrizia B. für den kreativen Raum, den Du uns zur Verfügung gestellt hast.

Natürlich danke ich auch allen Freunden und Menschen, die ich jetzt nicht erwähnt habe – mein aufrichtiger Dank gilt selbstverständlich auch Euch.

Dann gibt es natürlich noch all die Menschen, die dieses Buch lesen, ihre Schwingung damit anheben, ihre Gesundheit mit den Rezepten verbessern und vielleicht sogar inspiriert sind, den Weg ihres Herzens zu gehen. Ich danke Euch und ich ehre Euer Licht.

Und zu guter Letzt fließt tiefste Dankbarkeit und Demut aus meinem Herzen zu unserer geliebten Mutter Erde.

Scanne einfach den QR Code und Du kommst auf unsere Seite, wo Du Dir alle Symbole runter laden kannst.

Diese Produkte

HABE ICH VERWENDET

SOYANA A.W. Dänzer (Einzelfirma):

Der Schweizer BioVegi-Pionier entwickelt seit 1981 mit einem dynamischen, spirituell ausgerichteten Team feine vegane BioLebensmittel für eine erwachende Menschheit und für ein genussvolles nachhaltiges Leben in liebevoller Harmonie mit der Erde und allen ihren Bewohnern.

www.soyana.ch

DIE UNSICHTBARE KRAFT IN LEBENSMITTELN - BIO und NICHTBIO im Vergleich

Ein faszinierender Einblick in die verborgene Kraft von BioLebensmitteln. Kristallisationsbilder aus der Forschung des LifevisionLab von Soyana offenbaren die Schönheit subtiler Ordnungsstrukturen und zeigen auf, wo diese Ordnung beeinträchtigt ist oder fehlt, zum Beispiel bei genveränderten Pflanzen.

https://bio-nichtbio.info/

Unter der Marke Simply V entwickelt, produziert und vermarktet die E.V.A. GmbH mit Sitz in Oberreute pflanzliche Käse-Alternativen. Alle Produkte des Marktführers werden mit einem genau austarierten Mandelanteil, Kokosnussöl und wenigen anderen, ausgesuchten Zutaten hergestellt.

www.simply-v.de

Die rein pflanzlichen Produkte von LikeMeat wurden von echten Fleischfans entwickelt, um Dir echten, würzigen Geschmack, festen Biss und ordentlich Proteine zu garantieren. Unser Planet ist uns wichtig, daher werden unsere Verpackungen aus recyceltem Material hergestellt. Was das konkret für Dich heißt? Du bleibst Dir und Deinem Geschmack treu. Den Rest übernehmen wir.

www.likemeat.com

Mit Liebe und Leidenschaft steht Govinda für ökologische, einwandfreie Produkte, für ein naturnahes Leben, soziales Engagement und süße, aber trotzdem gesunde Leckereien. Und allen voran: Innovationen – Produkte, die der Markt bisher noch nicht kennt, aber unbedingt kennenlernen muss.

https://www.govinda-natur.de/

Bio-Jackfrüchte von Who's Jack aus nachhaltigem Anbau sind vor allem als Alternative zu Fleisch bekannt. Durch ihre faserige Konsistenz und die Eigenschaft, den Geschmack von Gewürzen sehr gut anzunehmen, kann die Baumfrucht hervorragend für die Zubereitung von fleischlosen Gerichten verwendet werden.

www.whos-jack.de/

SIRPLUS ist ein deutschlandweites social Impact-Start-up, das sich für die Vermeidung von Lebensmittelverschwendung einsetzt. Das Start-up bringt über seinen Online-Shop Lebensmittel, die eigentlich weggeworfen werden sollten, zurück in den Kreislauf. Durch die direkte Zusammenarbeit mit 700 Produzent:innen und Großhändler:innen gelingt es SIRPLUS, wertvolle Lebensmittel zu retten, die von den Tafeln nicht abgeholt werden, aber durchaus genießbar sind. Auf diese Weise macht SIRPLUS das Thema Lebensmittelrettung zum Mainstream und möchte Gesellschaft, Politik und Wirtschaft zum Umdenken anregen.

www.sirplus.de

Keramik S. 51, S.53, S.57, S. 90, S.108, S. 116, S. 148, S.164 von *www.Wilibiza.com*

QUELLENANGABEN

Larimar – Das System der Symbolkräfte von Sirius B
Dr. Wolfgang Becvar

Der Matrixcode und die Bewusstseinsformeln
Werner Johannes Neuner

Ingmar – Das System der Symbolkräfte von Aldebaran
Wolfgang Becvar

Antares – Freie Energien und Symbolkräfte
Werner Johannes Neuner

Die Kraft der Elemente - Sina Lucia Kottmann

Grün essen – Dr. med. Joachim Mutter

The chakra Handbook – Shalila Sharamon, Bodo J. Baginski

Chakra Food – Linda Giese

Feed Your Soul – Gabriel Consens

Die Wunderkraft des Segnens – Manfred Mohr

Rohkost vom Feinsten – Urs und Rita Hochstrasser

Medizin zum Aufmalen 1 – Petra Neumayer, Roswitha Stark

www.zentrum-der-gesundheit.de

www.der-andere-weg.de

Die Kraft der Elemente, Sina Lucia Kottmann

Bücher die ich gerne empfehle, weil sie mir geholfen und mich inspiriert haben:

Larimar – Das System der Symbolkräfte von Sirius B
Dr. Wolfgang Becvar – Limarutti Verlag

Der Matrixcode und die Bewusstseinsformeln
Werner Johannes Neuner – Limarutti Verlag

Ingmar – Das System der Symbolkräfte von Aldebaran
Wolfgang Becvar – Limarutti Verlag

Antares – Freie Energien und Symbolkräfte
Werner Johannes Neuner – Limarutti Verlag

Heilen mit Zeichen – Layena Bassols Rheinfelder –
Michaels Verlag & Vertrieb

Die Wunderkraft des Segnens – Manfred Mohr –
Nymphenburger Verlag

You are Nature – Anna Zemann – Kailash Verlag, München

Wir sind Natur – wir sind wie der Baum –
im Herzen – sind wir eins

Mögen wir und Mutter Natur tief verbunden
und gesegnet sein.